変声期と合唱指導のエッセンス

授業で聴かせたい変声の様子

竹内秀男 著

実録 CDつき

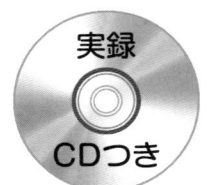

教育出版

はじめに

　合唱指導の研究会や講習会で現場の先生方から寄せられる質問の多くは，変声期・発声法・生徒指導をベースとした授業のあり方に集中しています。伺っていると，いかに多くの先生方が，これらの問題に共通した疑問や悩みを抱えているかが伝わってきます。

　変声期や発声法について，専門家が手がけた書物は数多くあります。私自身もかつて小・中・高校の現場に勤めていた頃は，それらの書物を読みあさったものです。しかし，そうした専門書の内容は，必ずしも目の前にいる子どもたちの指導にそのまま生かせるものばかりではありませんでした。児童・生徒の能力や実態はさまざまで，現場ではその"個"に応じた指導が重要となってきます。音楽の授業の中で変声期や発声法の指導をするにも，常に一人ひとりが見つめられ，励まされるような最良の指導法を工夫し，実践しなければならないと考えます。

　現在，私は大学で，①変声期における合唱指導法　②授業における伝える言葉・伝わる言葉　をテーマに研究をしています。本書はそれらをふまえ，現場での指導を通して長年経験してきたことを伝えようと書き進めたもので，私自身が実践したこと・感じたことを中心に，徹底した現場的発想になっています。その中の一部でも現場の先生方の疑問に応え，悩みを解決する一助になればと願っています。また，既刊の『イラストでみる合唱指導法』(教育出版)と合わせて活用していただければ，より理解しやすいと思います。

　私の体験を一つのサンプルとして，情報を取捨選択の上，それぞれ現場の児童・生徒の実情に照らし合わせながら，変声期と合唱の指導に役立てていただければ幸いです。

竹　内　秀　男

Contents

1章 変声期への理解を深める
～心身の発達と声に起こる変化～

声の"ターニング・ポイント（人生の転換期）" ……… 8
1. 変声期を見つめる ……… 10
2. 声帯の長さと喉頭の大きさ ……… 12
3. 変声期の声域をどうみるか ……… 14
4. 男子に特有な変声の症状 ……… 16
5. 生活環境と変声期 ……… 18
6. 声はどのようにしてつくられるか ……… 20
7. 美しい声の出るしくみ ……… 22

2章 小・中学生の"変声期の歌声"
～子どもたちに聴かせたい変声の過程～

変声期の実態を知り，歌唱指導に生かす ……… 24
1. 変声期の過程"秋の子"で聴く ……… 25
2. 移調唱の歌声"犬のおなか"で聴く ……… 28
3. オクターヴ低い歌声の変容"夢をのせて"で聴く ……… 30
4. 変声の推移"混声合唱"で聴く ……… 34
5. 変声期の合唱指導に必要な配慮とは ……… 41

小・中学生に伝えたい発声法
～ひびき（共鳴）を中心とした指導～

ひびき（共鳴）のある発声とは・・・・・・・・・・・・44
1. 子どもへ伝える発声法・・・・・・・・・・45
2. ひびき（共鳴）のメカニズム・・・・・・・46
3. 声区（換声区）とひびき・・・・・・・・・50
4. ひびきの焦点（ポジション）をイメージする・・・・・52
5. 焦点（ポジション）の違いで音色はどう変わるか・・・・53
6. ステレオVoice・・・・・・・・・・・・・57

曲想表現を深める合唱指導の工夫
～表現の喜びを伝える～

子どもたちの意欲を高める合唱指導へ・・・・・・・・・66
1. 発声の基本はお腹の支え・・・・・・・・・67
2. 歌唱における腹式呼吸の指導・・・・・・・68
3. 自然で豊かな声を合唱に生かす・・・・・・70
4. 美しい日本語のスケッチ・・・・・・・・・71
5. 歌詞のまとまりを感じて・・・・・・・・・72
6. 心の動きを曲想へ・・・・・・・・・・・・73
7. 指導者の音楽的センスを生かして・・・・・74
8. 主旋律を引き立てるアクセサリーの効果・・・75

9. 合唱の完成度を高める表現の要 ・・・・・・ 76
 10. フレーズをいかにまとめて聴かせるか ・・・・ 77
 11. いい顔・いい声・いい心 ・・・・・・・・・・ 78
 12. 曲のテンポと合唱表現 ・・・・・・・・・・・ 79
 13. メンタルハーモニーから生まれる合唱 ・・・・ 80
 14. 音色の統一と声のバランス ・・・・・・・・・ 82
 15. 変声期間のパート分担を考える ・・・・・・・ 85
 16. 合唱曲の構成をつかむ ・・・・・・・・・・・ 87

5章 伝える言葉・伝わる言葉
子どもの音楽的変容をさぐる 〜そのひと言〜

30年分の"そのひと言" ・・・・・・・・・・・ 90
 1. 歌う心をひらく ・・・・・・・・・・・・・・ 92
 2. 心から心へのメッセージ ・・・・・・・・・・ 95
 3. 歌い方へのアプローチ ・・・・・・・・・・・ 97
 4. 感動する合唱へのステップ ・・・・・・・・・ 103
 5. 音楽を深める指揮法 ・・・・・・・・・・・・ 105

〈付録〉

秋の子 ・・・・・・・・・・・・・・・・・・・・ 108
「楽しい発声のドリル」より
犬のおなか ・・・・・・・・・・・・・・・・・・ 110
夢をのせて ・・・・・・・・・・・・・・・・・・ 112

1章

変声期への理解を深める

~心身の発達と声に起こる変化~

声の"ターニング・ポイント（人生の転換期）"

　人間はこの世に生を受け，乳児期，幼児期，少年期，思春期そして青年期という道をたどりながら，やがて大人へと成長・発達していきます。その過程の中で個人差はあるにしろ，心身ともに実にさまざまな変化が現れてきます。

　なかでも思春期は第二次性徴が現れるときでもあり，人生における大きな転換期でもあります。これはホルモンの影響によるもので，精通，初潮，さらに心理・行動上の変化など心身にわたって複雑な変化をともないます。

　思春期は誰もが通る道ですが，心身の変化の中には，人によっては今一つ実感のしにくい事柄があります。「変声」もその一つです。

　変声とは，俗に言う"声がわり"のことである。

　その語源は，ムタチオン（mutation）といい，ただ単に"変化する"という意味にすぎなかった。それが生物学的にいう"突然変異"という意味に使われるようになり，さらに"声がわり"という限定された意味をもつようになった。このことでも理解できるように，変声とは人間の音声の質や音高が，その身体的発育の過程において急激に変化することをいうのである。

と，薗田恵一郎氏は，著書『変声期の研究と歌唱指導』の中で述べています。

　変声は，男子と女子とでは，その過程と結果において相

違があるとされますが，往々にして言われるように"女子には変声は現れない"わけではありません。もっとも男子は，その変化が声域の下行という面で著しく，女子は声質の変化という面で著しい，という違いはあります。一般的に言って声域の下行の方が，声質の変化よりも外的に明瞭に感じられるので"変声"というと男子のみが考えられやすいのでしょう。しかし，それは，男女両性ともに生ずる身体的現象なのです。

　もちろん，変声時期における歌唱指導などに大きな障害となるのは，女声の質的な変化よりも，男声の声域の下行であることはいうまでもないことです。

　男声の下行への変化はかなり顕著に現れ，ときに声を出すことが苦痛になるほどです。声を出しにくいがために，歌が嫌いになったり，音楽を遠い世界のものと感じたりする子どもも，決して少なくはありません。

　私たち教師は，「変声期」＝声変わりが，子どもたちにとってつらい思い出や音楽への挫折のきっかけではなく，自己の成長を喜び，より豊かに音楽と関わるためのターニング・ポイントとなるよう，心を配るべきではないでしょうか。そのためには，児童・生徒の身体的発達について理解することを含めて，変声の実態をより深く把握する必要があると思います。

1 変声期を見つめる
短いトンネルを通過するとき

　「変声期」とは何か。それを児童・生徒に説明したり指導したりするのは、なかなか難しいものがあります。一人ひとりの顔立ちが違うように、変声期の訪れる時期も、変化の期間や内容も、一人ひとり異なり、個人差があるからです。

　私たちは、「変声期」に対して特別な感情を抱いてしまいがちです。しかし、教師が変声期を意識しすぎて、声帯を守ろうとするあまり子どもを歌唱から遠ざけ、あるいは自ら合唱指導から遠ざかってしまうようでは、音楽科の目標を果たすことはかないません。

　変声期を乗り越えるためには、声を保護することも大切ですが、消極的でもいけません。変声初期・中期・後期というように、その日、その時、その段階に応じたケースバイケースの指導法が望まれます。

　まず重要なことは、変声期が成長の過程において「短いトンネルを通過するようなもの」であることを、児童・生徒にしっかり認識させてあげることです。そうすることによって、教師は児童・生徒を望ましい音楽環境へと導くことができ、子どもたちも心と身体の変化に目を背けたり羞恥心を抱いたりすることも少なく、"歌うこと"と向き合っていけるのではないでしょうか。

　歌唱指導だけでなく児童・生徒の生活全般においても十分な配慮が必要であり、最小限の知識を与え、声の衛生管理に努めさせるとともに、心理的動揺をきたさないよう指導する必要があります。

あのときが変声期だったのだろうか
～変声期の思い出を綴った体験記より～

　私は超未熟児（7ヶ月児）で生まれた。まだ保育器のない時代で両親の愛情を一身に受けながらも、生まれてからの1年間は生死の境をさまようような状態だったといいます。

　人間のもつ生命力のおかげでしょうか、虚弱ではありましたが、どうにか生きのびることができました。しかし、小学生の頃、背丈の順に並ぶときは、一番前にいたのは、いつでも私でした。年齢相応に身長が伸びてくれたのは、中学2年生も終りの頃。その身長の伸びとともに始まったのが、「変声期」だったのではないかと思っています。とはいえ当時の私が変声期という言葉など、知るはずもありません。聞いたことすらありませんでした。

　どうして右隣の人のような低音が出ないのかなと思いながら、左隣のボーイソプラノの子に合わせて歌っても、以前のように高い声が出ない、いったい自分はどうなったのだろう、歌うにも話をするにも今までとは違ってなんとなく鈍重感があり、のどが詰まった感じで、何か病気にでもなったのかなと思うくらいでした。音程がずれているのがわかっても、声のコントロールがきかないのです。仕方がないので、音楽の授業は歌ったことにして口パク状態。その口を動かすことさえ苦しいときもありました。何よりも、そういう態度がいつ先生に見つかって叱られるかビクビクしていたのです。内気な僕は、思うように声が出なくなったことを先生に話せないでいました。そうして歌うことを避けていた自分も、中学3年生の中ごろになってやっと声が出せるようになりました。話し声も歌声も大人っぽくなったことに、自分自身驚いていた記憶があります。同時に大人の仲間入りをした喜びのようなものを実感していました。なんともいえない気分。あのときが変声期だったのでしょう。

H.T

2 声帯の長さと喉頭の大きさ
身体的成長が及ぼす声帯周辺への影響

　音楽的な見方をすれば，変声とは思春期に起こる声域や音色の著しい変化のことを言います。一方，生理的な観点から言えば，変声とはホルモンの影響によって生じる咽頭周辺の急激な変化であり，第二次性徴の一つであると言えます。

　第二次性徴期には，内分泌腺（脳下垂体前葉，生殖腺）の影響で，喉頭や声帯の発育とともに下顎の発育が促進され，声帯の長さも増します。この過程で，甲状軟骨と声帯とのアンバランスが生じてきます。そのため，声帯の緊張度合いが一定せず，息が声帯を滑らかに通ることができないので，発声状態が失調してしまいます。つまり，声帯と周辺の発育状態のバランスが崩れることで，声が出なくなったり，かすれ声になったりするわけです。

　声帯の長さは，日本や西欧の文献を整理するとおおよそ次のようになります。このまま現在の日本人に適用できませんが，発育の概要はわかります。

● 声帯の長さ

	新生児	2歳ごろ	6歳ごろ	変声前	変声後	成人
男子	6mm	6.8〜8mm	8〜10mm	9〜11mm	13〜24mm	17〜24mm
女子	6mm	6.7〜8mm	8〜9mm	9〜10mm	12〜16mm	15〜22mm

　声帯の長さは一般に身長に比例して長く，体重には無関係というデータもあります。女性の声が高く，男性の声が低いのは，この声帯の長短によるものです。一般的にソプラノやテノールの人の声は声帯が短く，アルトやバス

の人は長いと言われています。ちなみに、バスとソプラノの声の持ち主が結婚すれば、その子どもは将来、男ならバス、女ではソプラノ、テノールとアルトの組み合わせでは、男ならテノール、女ではアルトの声質になる傾向があると言われています。ただ、バスとアルトおよびテノールとソプラノの組み合わせでは、どの声種になるかはわからないそうです。

喉頭の大きさ

	上下径	横径	前後径
男子	44mm	43mm	36mm
女子	36mm	37mm	26mm

ここで、もう一つ、バルスの示した変声時期の喉頭の大きさについてもふれておきましょう。

喉頭は、男女ともに発育をしていきますが、その方向は違っています。男子においては、喉頭の前後径が大きな発達をし、女子は喉頭の横径（左右径）が前後径に比べるとよく発育していきます。男子の通称"アダムのりんご"も、このような結果から得られたものです（女子には、それに類するものが顕著に現れないことも、これを見ればうなずけることでしょう）。

ちょっとひとこと

🎵 変声期の心と体

- のどの軟骨が拡大し、男子ではのどぼとけが出てきます。
- 声帯が充血します（血液の供給を多く受ける必要があるため）。
- 軟骨の発育が先行し、声帯がそれに追いつかないために、一時的に音声障害が生じます。
- 見た目の印象が大人っぽくなってきます。
- 今までに無い羞恥心を強く見せるようになります。
- 人前に出るのを嫌がったり、ひとりでいるのを好んだりする子も見られます。

3 変声期の声域をどうみるか
男子は声域，女子は声質が変わる

　前項で説明したように，体の成長とともに「声帯」も成長します。当然，発する音声にも"成長"が見られ，変声期はそうした音声の成長の一過程とも言えるわけです。このような思春期に起こる「声域」や「音色」の著しい変化が，音楽的な見方での「変声」ということになります。

　乳児から少年期に至る音声の発達状況について，『発声法の手引』（狩野了衛 著，音楽之友社）では次のように示しています。

♪図1　乳児から少年期に至る音声の発達状況

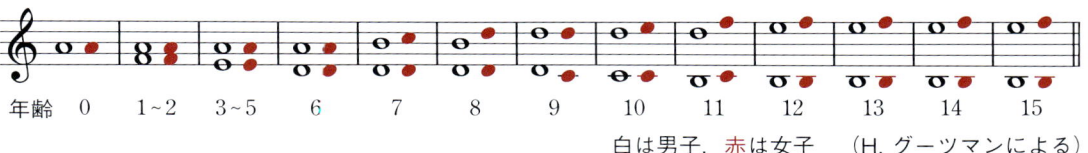

年齢　0　1~2　3~5　6　7　8　9　10　11　12　13　14　15

白は男子，赤は女子　　　（H. グーツマンによる）

　一般に心身の発達は，男子よりも女子が早熟であると言われています。図1からもわかるように，音声における発達状況も女子の方が比較的早いようです。

　また，同書には変声期前後における平均声域も記されています。

　図2を見るとわかるように，女子には変声期の前後でさほど差

♪図2　変声期前後における平均声域

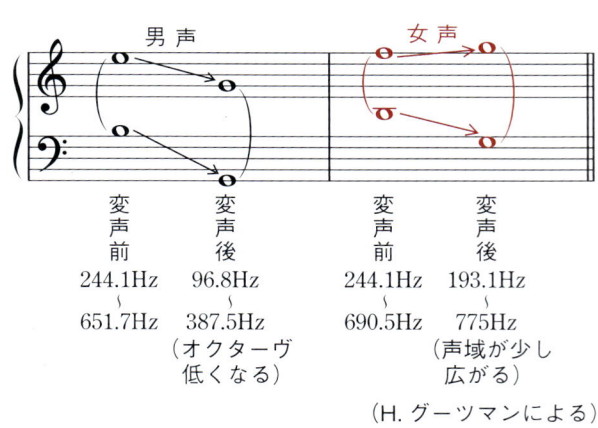

変声前　変声後　　変声前　変声後
244.1Hz　96.8Hz　244.1Hz　193.1Hz
〜　　　〜　　　〜　　　〜
651.7Hz　387.5Hz　690.5Hz　775Hz
（オクターヴ低くなる）　（声域が少し広がる）

（H. グーツマンによる）

はありませんが，男子では約1オクターヴも音域が下がる，という大きな変化が見られます。

次に，男子の声域の変化を，もう少し細かく見てみることにしましょう。男子の変声期の区分は，変声初期・中期・後期，あるいは，一期・二期・三期などのように分類されます。図3は，かつて，ある中学校で3年間追い続けて調査した資料をもとにつくったもので，変声期の区分の一つの目安になると思われます。変声前半には高音域の変化（下降）の度合いが大きく，後半においては低音域の変化が大きいということがわかります。

♪ 図3　変声期の区分

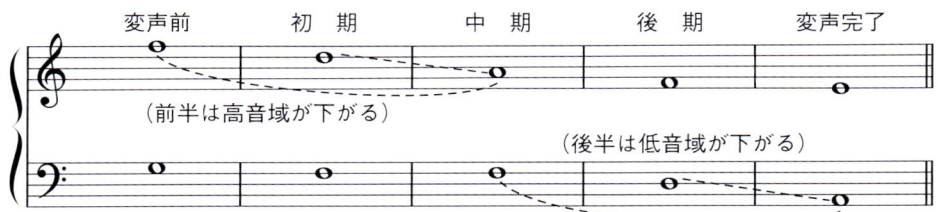

 インターナショナルピッチ 442 ヘルツ

　生まれたばかりの赤ちゃん（0歳児）の泣き声は，男女とも，ほとんど同じ高さの一点イ（A）の音です。これは，インターナショナルピッチ442ヘルツに相当します。年齢が進むとともに音域に変化が現れ，その幅は広がっていきます。

（H. グーツマンの著書より）

4 男子に特有な変声の症状
変声初期，中期，後期の過程

　広辞苑では声変わりを「男子が少年期から青年期に移るとき，声帯に変化が起こり，音声，特に声域などの変わること。女子でも主として音色の変化が生じる。」と説明しています。要約すれば，身体の発達にともない声帯が発育して，いわゆる大人の声に変化していく現象です。

　女子の変声は長期間かかって進むため，自他ともに気づかず過ごしてしまうことが多いようです。その過程も男子ほど急激ではなく，子どもらしい張りのある清純な声から，徐々につやが無くなり，やがて音域が下に2～3度広がり，柔らかな大人の声に変化していきます。

　それに対し，男子の変声は症状が顕著です。高い声が出なくなるだけでなく，声に割れが生じ，音色も濁ってきます。それにともなって，心身ともに不安定な状態になり，歌うことから遠ざかろうとする傾向が見られるようになります。ただし男子の中にも「声破（声のひっくり返り）」を起こさずに変声期を通過する人もいます。大人になって変声期の頃の様子を聞いても「あまり気づかなかった」という人は，それに当たるのかも知れません。

　変声期の男子に見られる声の特徴について，歌唱の立場から一般的な傾向をまとめてみました。

	男子の変声期に起こる声等の変化
変声初期	・歌声につやがなくなる
	・歌声がかすれる
	・音域が低くなる
	・歌う途中息が続かなくなる
	・話をするときも高い声が出なくなる
変声中期	・カゼでもないのに声がかすれる
	・今まで歌っていた音域が狭くなり急に苦しくなる
	・思うように声が出ないので姿勢までくずすことがある
	・声のコントロールがきかず，頭ではある音を出そうとしているのに全く別の音が出る
	・低い大人の声で歌っている途中に，不意に高い子どもの声が出てくることがある
	・強弱の変化をつけて歌えなくなる
	・嗄声(かせい)（シャーという声）になる
	・声破（声のひっくり返り）がある
	・高音が出しにくくなる
	・曲によっては，ボーイソプラノのような声で歌ったり，オクターヴ低い声で歌ったりする（中期と後期の境目あたり）
変声後期	・声破（声のひっくり返り）も少なくなる
	・声量も徐々に豊かになる
	・以前より低い声が出しやすくなる
	・声の変化も安定方向に向かう

5 生活環境と変声期
変声期の若年移行

　変声は男女を問わず人間なら誰でも通過する生理現象ですが，その時期は一般的に気候，風土，地域，習慣，生活環境，人種などによって一定しないとされます。期間も，男子では一夜のうちに急激に変化してしまうものから，数ヶ月または数年かかる者もいると言われています。ただ，平均すると3ヶ月から1年半ぐらいで完了する例が多いようです。

　調査方法によっても異なりますが，そもそも変声期は個人差が大きい事象なのです。さらに近年，めまぐるしい時代の変化により，子どもの成長も以前に比べて徐々に早くなる傾向にあるようです。かつてのある調査では，日本人男子で変声中または変声完了年齢を14歳頃としていたものが，その後の調査では13歳頃と報告されているものもあります。変声の始まる時期も，男子では13歳頃から12歳頃へ，女子では11歳頃から10歳頃へと移行し，30年の間に約1年早くなっているという説もあります。現に小学校男子で6年生ごろから見られた現象が，最近では5年生にもよく見られます。

　現代の日本では，衣食住の環境が全体的に向上し，マスコミの普及もあって，生活環境の地域差はほとんどないに等しいと言ってもよいでしょう。いずれの地域も変声期が若年移行の傾向にあることは共通しているようです。

図４　変声の時期の一般的傾向

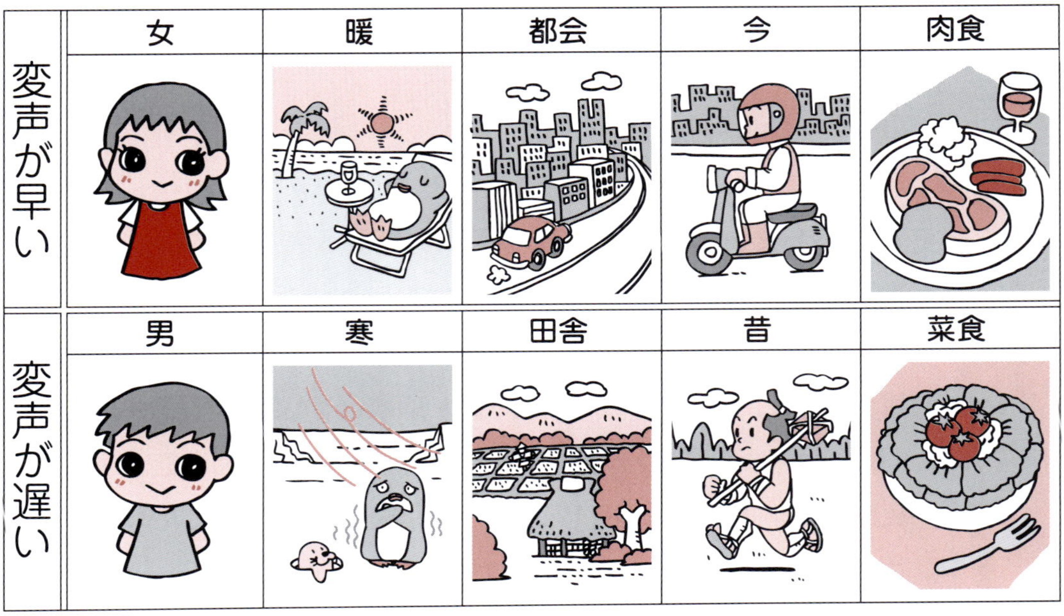
変声が早い
女
暖
都会
今
肉食
変声が遅い
男
寒
田舎
昔
菜食

図4は，あくまでも一般的な傾向であり，定説ではないことを申し添えておきます。

ちょっとひとこと

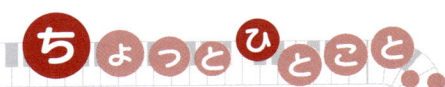

話し声でわかる変声期入門

変声期の声の変化は，歌唱時の音域の下降よりも，会話時のわずかな音色の変化や声の濁り具合の方が先に顕著になります。児童・生徒が変声期に入ったかどうかは，歌声より先に話し声の変化に注意した方が判断しやすいようです。

6 声はどのようにしてつくられるか
声帯の振動から生まれる音声

　ここまで子どもの成長と変声の過程をざっと見てきましたが，その知識を現場での合唱指導につなげるためにも，ここで声の出る仕組みについて改めて確認しておきましょう。

　声は，声帯の振動によってつくられます。声帯はのどの奥にある2枚の薄い肉片で，2枚の声帯がくっつき合った状態のときに肺から空気が送られると，声帯が振動して声となります。

　普通に呼吸をしているとき，声帯は図5左図のように逆V字状に開いていますが，声を出すときには右図のように声帯が閉じます。ここに息の流れが当たってわずかなすき間を空気が通過すると，声帯が振動し，音声がつくられるのです。ちょうど，破れた障子の穴に風が当たったときブーンといううなりが生じるのと同じ原理です。

♪ 図5　声帯の様子

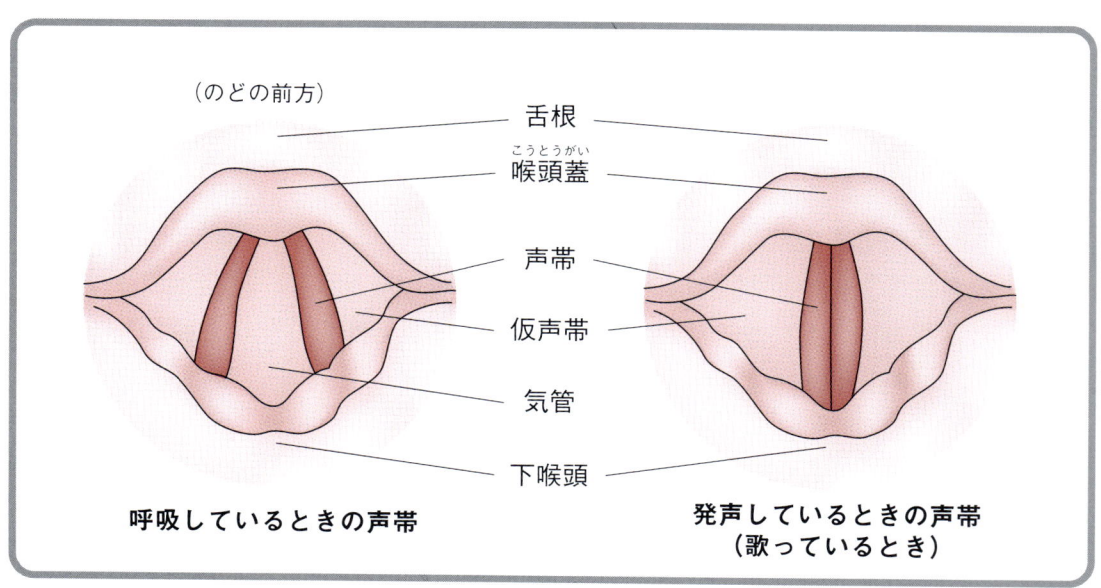

声帯の長さは成人男子で17〜24mm，女子で15〜22mmと言われています。女性の声が高く，男性の声が低いのは，この声帯の長さの差によるものです。ちなみに，変声期前の子どもの声帯は，成人女子のそれよりもさらに短くなっています。

一般にソプラノやテノールの人は声帯が短く，アルトやバスの人は声帯が長いと言えるでしょう。

自分の声帯の実情に合わない高さや大きさの声を無理に出そうとすると，声帯に余計な負担がかかります。ときにはポリープと呼ばれるできものができて音声障害を起こし，その結果，いわゆる濁声（だみごえ）になることもあります。

子どもたちの中には口蓋垂（のどちんこ）を声帯だと思っている子もいます。声帯はのどのずっと奥にあり，口を開けただけで外から直接見えるものではありません。図や模型で一度きちんと教えてあげるとよいでしょう。また，耳鼻科などで，ファイバースコープをのどに入れて映像を送れば，モニター画面を通して声帯を見ることが可能です。

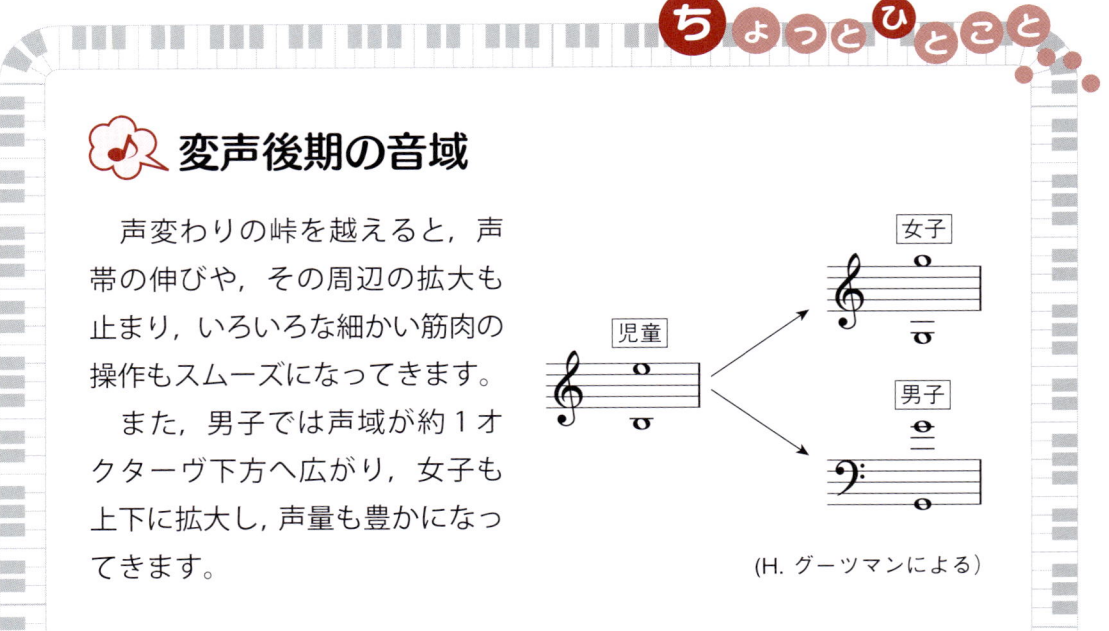

変声後期の音域

声変わりの峠を越えると，声帯の伸びや，その周辺の拡大も止まり，いろいろな細かい筋肉の操作もスムーズになってきます。

また，男子では声域が約1オクターヴ下方へ広がり，女子も上下に拡大し，声量も豊かになってきます。

(H. グーツマンによる)

7 美しい声の出るしくみ
雑音は共鳴腔で変えられる

　最初に説明したとおり，声のおおもとは声帯の振動です。俗にいう「のどぼとけ」の中にセットされた2枚の声帯は，息を吸うとすき間（声門）が開き，発声する際にはすき間が閉じます。肺からの通気にともなって繰り返されるこの開閉は，1秒間に100回とか200回とも言われています。

　要するに窓のすき間から風が入ってきて音を立てたり，口笛を吹くときにすぼめたくちびるに息をあて振動させて音を出したりするのと同じ原理と言えます。

　ですから，声帯で作られた音は，実はつやもひびきもない雑音にすぎません。音は小さく，決して美しい音ではないのです。

　その"音"が美しい「声」になるためには，声帯以外の部分が大きく関わっています。声帯で発生した空気の振動は，共鳴腔（口，鼻，咽(のど)など）と，構音器官（舌，くちびる，軟口蓋(なんこうがい)など）に伝えられ，変化します。そのように顔のたくさんの部分を使って共鳴させることによってはじめて，豊かな美しいひびきを持った「声」に変わっていくのです。

　ひびきのある声については，3章で説明しましょう。

2章

小・中学生の"変声期の歌声"

~子どもたちに聴かせたい変声の過程~

変声期の実態を知り、歌唱指導に生かす

　変声期すなわち"声変わり"を無視したままで，音楽の授業を行うことは不可能です。児童・生徒にとって声変わりの期間というのは，歌うことのみならず，音楽そのものが苦痛の種ともなりかねません。また，教師にとっても，変声期の指導は，発声指導と並んで歌唱指導の中でもっともつまずきやすい問題の一つでもあります。

　それなのに，「変声期における歌唱指導法」について，どんな文献をひも解いても，実あるところはなかなか見当たりません。そこで私は，問題解決への糸口を，児童・生徒の授業実践の中からこそ見いだせるのではないかと考えました。

　そこで，この章では，変声期の小・中学生の歌声の推移を，CDに収録した実音とともに紹介します。CDの音源や指導の実例は，かつて私が小・中学校へ長年勤めていた頃に記録したものと，現在勤めている大学近くの小・中学校に出向いて指導したときの記録とを整理して使用しました。音楽の授業の中で実際に児童・生徒へ聴かせることができるよう，内容を四つに分けてコンパクトにまとめましたので，現場の先生方に是非，活用していただきたいと思います。変声期特有の音色・音質・音域・発声の推移を，子どもたちと一緒に聴いてみてください。

※四つの分野に分けてありますので，一度にすべてを聴かせるのではなく，必要に応じて，その部分をとり出して聴かせると効果的です。

1 変声期の過程 "秋の子" で聴く
小5から中3までの声の成長を追う

　ここからは，付属のCDを聴きながらご覧ください。児童・生徒にも授業の場でこのCDを聴かせ，変声期への認識を新たにさせる教材としていただければ幸いです。

　はじめの音源は，一人の男子の歌声を，小学校5年生の10月から中学校3年生の11月まで，約4年間にわたって追い続けたものです。収録した数多くの音源の中から，10回分をまとめてCDに収録しました。曲目はすべて「秋の子」で，あえてそのつど調は変えずに収録しています。

（＊普通教室の収録です。少し雑音が入っていますが臨場感（？）ととらえてお許し下さい。）

 変声期の過程 "秋の子" で聴く　CD：No.1 ～ 11（約20分）

CD：No.	学年	収録月日	変声の様子
1			変声期とは～解説
2	小学校5年生	10月1日	子どもらしい明るく澄んだ音色で歌っている（5年生頃の声は，人間一生の中でいちばん澄んでいて「天使の声」とも言われる）。
3	小学校6年生	10月1日 前回よりちょうど1年後の収録	話し声と歌声が両方収録されているので，その違いに注目してほしい。話し声は大人に近く，変声期の準備が始まっているのがうかがわれる。歌声はまだボーイソプラノ。

4	小学校6年生	12月1日 前回より2ヵ月後の収録	大きな変化はないが，変声期に見られる，少し細い声でやっと歌っている感じ。
5	小学校6年生	3月1日 前回より3ヵ月後の収録	小学校卒業期の歌声。確実に変声期に突入している様子。まだ子どもの声だが，いたるところで声が細く苦しげで，音程が不安定なのがわかる。
6	中学校1年生	8月10日 前回より約6ヵ月後の収録	歌声は高音が出しにくく音域も狭く苦しそう。声のコントロールもできない，変声期真っ最中。
7	中学校1年生	2月17日 前回より約6ヵ月後の収録	歌声は裏声または，ボーイソプラノともとれる。長いこと歌い慣れた音色が耳について抜け出せないでいるのかもしれない（変声中期から後期に入る頃は人によって，オクターヴ下げて低い声で歌うと多少の不安定さはあるが，あまり苦しくなく歌えた，という人もいるようだ）。
8	中学校2年生	8月19日 前回より約6ヵ月後の収録	いよいよ彼の声も落ち着いて，大人の声に一歩近づいた感じ。彼が変声で苦しかった時期は，小学6年の3月から中学2年の8月までの約1年6ヵ月ということになる。どちらかというと変声期間が長かったようだ。

9	中学校2年生	3月15日 前回より約 6ヵ月後の 収録	変声後期に入り，とても安定して無理のない柔らかな歌声。ここからさらに，充実した男らしい声になることへ期待が持てた時期。
10	中学校2年生	3月15日 No.9と同日 収録	この時期は，呼吸法の不安定な子も多いので変声と呼吸法，曲想表現などの関連をみたいと思い，テンポを少し落として収録。この子の場合，変声後期では特に変わったことはなかった。
11	中学校3年生	11月6日 前回より約 7ヵ月半後の 収録	音域も広がり，声量も豊かになって，曲想表現まで工夫しながら歌う余裕すら感じられる。確実に大人の声の始まりである。

変声期になぜ声が出なくなるの？

　変声期になぜ声が出なくなったり，かすれ声になったりするのでしょう。これは声帯と，声帯を囲んでいる喉頭の軟骨や筋肉が同じように成長せず，それによってバランスが崩れるためにおこる症状なのです。

　このような時期にどのように指導をしたらよいか，いまだ決定的な結論は出ていません。ただ言えることは性教育と同様に変声期とは何か，ということを説明し，理解させながら自分の声の出る範囲（移調唱等）で歌わせるということです。

2 移調唱の歌声"犬のおなか"で聴く
変声中期も気持ちよく歌える歌唱指導を！

　変声中期は，歌を歌うことに一番苦痛を感じるときです。しかし，移調することによって少しでも歌える可能性があるのではないかと考え，変声の真っただ中にある小学校6年生男子を対象に，音高を半音ずつ下げながら収録してみました。

　録音は，すべて同じ日の放課後，短時間のうちに行ったものです。録音したものを聴き返すと，自分の名前を言うときは狭い音域で済むので安定して聞こえますが，いざ歌うとなると音域が広くなるので苦しそうです。

　曲目は「楽しい発声のドリル」から"犬のおなか"です。

 移調唱の歌声"犬のおなか"で聴く

CD：No.12～16（約8分）

CD：No.	調・譜例	歌声の様子
12	ハ長調	はじめは，伴奏付きで歌ってみた。変声期の真っただ中で，とても苦しそうだ。
13	ハ長調	声がどのように変わっていくか，その様子を見るために無伴奏で収録。

こうして聴いてみると，曲目にもよりますが，変声期だからといってまったく歌えないということではないようです。ある文献では，変声期ではイ長調がいちばん歌いやすい，とも述べられています。この子の場合も，やはりイ長調が歌いやすかったようです。

児童・生徒一人ひとりに合った音の高さを見つけて個別指導を行い，この時期にもぜひ歌う喜びを味わわせたいものです。

3 オクターヴ低い歌声の変容 "夢をのせて"で聴く
発声法と気持ちの持ち方でこんなに変わる！

　私たちは，一人ひとりの子どもが自分の持っている声を十分に発揮して，音楽の授業に楽しく参加してほしいと願っています。

　しかし，ふと気づいてみると，小中学生を問わず，実際の音よりオクターヴも低い声で歌っている子（特に男子）や，極端に一本調子で，ひく～い声で，ボソボソ歌っている子に接することがあります。教師としては，授業を展開する上でどう救済してやればいいのか悩みの種でもあります。それらは，どのような理由からでしょうか。

　長年の経験から，「オクターヴ低い声で歌う子」に見られる傾向として考えられることをあげてみました。

①自分でオクターヴ低く歌っていることに気づいていない。
②自分は高い音が出ないと思い込んでいる。
③腹式呼吸ができないため歌声に覇気がない（ボリュームやトーンが落ちてしまう）。
④人の前で思い切り声を出すことを恥ずかしがる。
⑤自分の歌声を笑われた経験があり，「歌う」ことに強いコンプレックスを持っている。
⑥変声期で歌えなかった頃から習慣化した。
⑦音楽に対してあまり興味関心を示さない。
⑧「歌う」となると気分がのらない。
⑨本気になって取り組んだ経験が少ない。
⑩なまけ心で声を落としたり姿勢までくずしたりして，授業不参加の態度を見せる。

そこで，オクターヴ低い声で歌っている子の中から，同じクラスのA君，B君という二人の男子生徒に協力してもらいました。個人的な指導となるので，かなり配慮が必要で，放課後に誰もいない教室で「夢をのせて」という曲を歌ってもらい，指導したときの様子です。

オクターヴ低い歌声の変容 "夢をのせて" で聴く
CD：No.17 〜 24（約12分）

CD：No.	A君・B君の様子と指導の流れ
17	変声期間中にトーンを落として歌っていた名残りか，歌唱意欲喪失か，中学生にありがちなオクターヴ低い声で歌っている二人の生徒を紹介する。
18	A君はクラスの中でも，やや目立つ存在であり授業で歌うとき，立っても座っていても姿勢をくずすなど，しぐさがとても気になることが多い（ひと声かけ注意したい子）。 特に授業の邪魔になることはしないが，校内外では生徒指導上で，たびたび指導しなければならないこともあった。音楽の時間も，ほとんど皆と一緒に歌っていないようだ。 傾向のところで紹介した⑥〜⑩に該当するような子である。このような子には心で音楽を楽しんでいてくれたらいいのだが……と願う。
19	B君はクラスのリーダー。統率力もあり周りの子にすべての面で好影響を与えてくれる。しかし，「歌う」となると別人のように消極的な感じ。よく聞いてみると子どもの頃から自分は低い声でしか歌えないと思い込んでいたという。「なんとかほかの人と同じように高い声で歌えるようになりたい。」と，自分から個別指導を申し出てきた生徒である。

20	A君，B君二人で歌ってみたが，ややのど声としてのボリュームは出たものの音の低さは変わらない。
21	考えられる原因は，やはり姿勢や呼吸法（支え）がしっかりしていないからではないか。私はいつも授業の中で腹筋（ブレス）やひびきを意識的にさせ，歌声を使った詩の朗読をさせている。 ここでも，次の①～③をポイントとして詩の一部を読ませた。 ①歌を歌うための正しい姿勢 ②お腹の動きを感じ腹式呼吸を意識させた。 ③少し大きい声で，言葉を遠くへ届けるように読ませた。
22	少しでも前向きに歌えたらおおいに褒めてやり，次への意欲づけにつなげたい。そこで大切なのは自分の体は歌を歌うための楽器（人間という楽器）であることを意識させること。そのような指導を常日頃からしておくとよい。児童・生徒は，発声の基本であるこの姿勢がくずれると，ひびきづくり，曲想表現まで影響を与えてしまう。
23	ひびきの問題も気になっていたので授業の延長線としてやらせてみたが，一度にあれもこれも要求することは，無理であった。本人のわずかな気持ちの持ち方で歌声は変わっていくことをよく話してみる。
24	まとめとして，授業中いつも指導している姿勢，腹式呼吸に，ここでもふれた。一斉指導を超えたマンツーマンの指導によって，生徒は自分にも"できる"ことを再確認したようだった。

この個別指導の後，A君，B君に，最初に歌った自分たちの歌声をもう一度聴かせて感想を聞くと，「ふまじめそう・不満そう・やる気がない・かったるい・怠けて歌っているようだ・暗くて疲れている・いやいやそう」などの言葉があがってきました。これらの自己評価は，ほとんどが前記の「オクターヴ低い声で歌う子」に見られる傾向であげた①〜⑩の内容にあてはまると思います。

私たち教師がこうした傾向を理解した上で，あせらず，あきらめず，一人ひとりを認め励ましながら指導していくことで，問題は少しずつ解決されていくもののようです。

🌸 オクターヴ低い声で歌う子へ 〜もうひとつの指導法〜

　曲の中の一番歌いやすい1フレーズを，最初からうんと低い音で歌わせ，そこから半音ずつ徐々にピアノの音に合わせて上げていきます。最終的には正しい音の高さまでもっていけるので，これも効果的な方法のひとつです。そのとき選ぶフレーズは，音域幅のせまいところを選ぶのがポイントとなります。また，指導後にその子を全体の中に入れて歌わせるときは，声をよく出している子の間に入れて歌わせると効果的です。

♪ フレーズ例「ちいさい秋みつけた」より　　　　中田喜直　作曲

だれかさんが　だれかさんが　だれかさんが　みつけた

4 変声の推移 "混声合唱"で聴く
変声期のクラス合唱＆合唱部の歌声を聴いてみよう

　変声期の若年移行とともに，小・中学生の合唱レベルも年々高まっています。各学年ともどこまで到達すればいいのかという明確な基準はありませんが，クラス合唱においては，自校の生徒の実態を見れば，おおよそ見当がつくでしょう。

　ここでは，私がかつて中学校に勤めていたとき指導したクラス合唱と合唱部の歌声を混声合唱を中心に聴いていただきます。

　クラス合唱も合唱部も，一つの学年を3年間継続して録ったものです。特にクラス合唱の選曲においては基本的に大曲，難曲は与えないようにして指導をすすめてきました。P.102の「ちょっとひとこと」でもふれておきましたが，あくまでも子どもたちが現在もてる力の発揮できる範囲で合唱の美しさを追求させ，味わわせたいからです。

　生徒がCD等を聴いて「かっこいいから自分たちも歌いたい」と言うだけのことに教師は迎合，放任しては，その後始末が大変なことになります。それを是正し，より良い方向へ導く教師の力量が問われるところでもあります。

　ここでは，私の実践指導してきた音源を通して，学年ごとの変声中の音色，音質，音域，発声，さらには表現力等がどのように変わっていくのか，その様子を生徒たちに聴いてもらい，自分たちの合唱づくりに生かしていただきたいと考えています。ただ，このような音源を全国に一人歩きさせてしまうことは，大変恥ずかしいところですが，これから合唱指導に携わる先生方が何らかの指導の手がかりにしてくださるならと思い，意を決して紹介することにしたのです。どうぞ，先生方の配慮ある適切な指導によって，心身ともに不安定な思春期の生徒にとって音楽が一つの心の拠りどころとなること，また生徒たちの能力と可能性が引き出されることを願っています。

中学校・クラス合唱　～1年から3年～
CD：No.25～28（約12分）

CD：No.	25
コメント	人生の一大転換期でもある変声期。その時期のクラス合唱と合唱部の演奏について解説。

CD：No.	26
曲　目	夢は大空を駈ける
演奏形態	混声三部合唱
作詞・作曲	館　蓬莱　詞／渡部節保　曲
収録対象	1年3組　男17・女18（八戸市立根城（ねじょう）中学校）
収録時期	11月上旬

演奏コメント

　中学1年の男子は、まさに変声期真っ最中の子が多く、中学校の合唱指導の中で一番大変なときでもあります。音域、声質の個人差も激しく、11月下旬のこの時期でもメンバーの中にはソプラノパートでも活躍できそうなボーイソプラノの子も3～4名おりました。また、男声パートを受け持った子たちは変声中期にあり、1週間前に発した音と今日の音が変わっているので、音色をまとめたいとか、もう少しよいひびきで歌わせたいと思っても、その指導には限界がありました。ほんとうにこの1年間は、生徒の声の方向に振り回され、悩まされっぱなしです。救いとなるのは、いずれその変声も落ち着くだろうと、1年後の今頃に期待が持てることです。

　この時期の男子は、頭で音を理解できているのに、実際に発する声が別の音になってしまうことがよくあります。男声の声域と女声の声質、声部の役割等を学習させ、その特質を生かした混声合唱を体験させたかったのですが、男子は声量のコントロールもきかず、いきおいがつき過ぎて女声の主旋律を抑えつけてしまう場面も見られました。

CD：No.	27
曲　目	光のながれ
演奏形態	混声三部合唱
作詞・作曲	蔵原伸二郎　詞／佐治恒夫　曲（©NHK）／名倉　晰　補修編曲
収録対象	２年２組　男17・女18（八戸市立根城中学校）
収録時期	11月上旬
演奏コメント	

　１年生で「夢は大空を駈ける」を歌った生徒たちが，クラス替えこそあれ１年後にはこのように歌声も変わり，やや混声三部らしいひびきを聴かせてくれました。普段あまり気づかなかったことも，録音し，改めて聴いてみると，男子の音域，女子の声質の変化がよくわかります。

　中学校も２年生の夏休みを過ぎると，男子の７割ぐらいの者が変声後期に入っているのではないでしょうか。２年生後半のこの録音では，男子の歌声にもやや落ち着きの方向が見られます。自分のパートの役割についてもよく考え，声量等のコントロールをしながら合唱表現の工夫もしているようです。また，この曲は，男子の声域に無理がなかったことも，混声三部らしいひびきが実現した理由の一つでしょう。

　私は，校内合唱コンクールのみならず日頃の授業の中でも，大曲，難曲はできるだけさけるようにしてきました。それは，発達段階に応じたそれぞれのレベル，つまり14歳には14歳の可能限度があると思うからです。とくに変声期においては，「可能限度の上限を見きわめた上で訓練を行うことにより，その時期において最良の結果を得ることは可能である」と考えています。

　そのような観点で選曲したこの曲は，かつてのNHK全国学校音楽コンクール（中学校の部）の課題曲で，男女とも音域が妥当で，表現も十分できる曲の一つでした。

CD：No.	28
曲　目	古　城
演奏形態	混声三部（部分四部）合唱
作詞・作曲	貫田百枝　詞／京嶋　信　曲
収録対象	３年４組　男18・女17（八戸市立根城中学校）
収録時期	11月上旬

演奏コメント

　３年生の11月ともなると，ほとんどの生徒が変声も落ち着き，合唱指導の中では1，2年時のような声破等の不安もなくなります。そういう中で，校内合唱コンクールの指導中に練習意欲を示さない生徒たちへ叱咤激励とばかりにもっと大きな声を出せ！　という声がけをしても，ややもすると叫び声のような，まるで力自慢大会かストレス発散のような合唱になってしまうことが多いようです。大きな声を出すというより声を鳴らすという音楽的な（発声法の）指導をもって合唱美の追求を深くしていく方がはるかに効果的でしょう。

　このクラスの男子も，３年生のはじめのパート分けで，一人ひとりの音色を聴いて声を鳴らすアドバイスを含めた個別指導をしておいたので，合唱練習は比較的スムーズでした。

　ただ，中学生の段階では変声期が終わったといっても完全ではなく，特に男子で大人ほどの低音を鳴らせる者はまだ少ない傾向にあります。ですから，あまり低すぎる音がない曲を選曲するとよいでしょう。この「古城」は部分四部合唱ですが，比較的歌いやすい音域で作られていることがお分かりいただけると思います。さすが，現場で生徒を指導した経験をもち，変声期の実態と音域を熟知されている作曲家の作品だと感心します。

　このように小・中学生の変声の実態を知る作曲家がもっと世に増えてほしいと願うものです。

中学校・合唱部　～1年から3年～

CD：No.29～32（約15分）

CD：No.	29，30
曲　目	組曲「チコタン」より　プロポーズ・だれや！？
演奏形態	混声三部合唱
作詞・作曲	蓬莱泰三　詞／南　安雄　曲
収録対象	合唱部1年生　男9・女24（八戸市立 長者(ちょうじゃ)中学校）
収録時期	11月上旬
演奏コメント	

　入部したばかりの1年生の合唱部員。生徒指導を含めて33名のメンバーを掌握することは並大抵なことではありません。おそらく部活動を担当された経験のある先生には，その何であるかがおわかりいただけるかと思います。

　合唱部員の活動といっても，一人ひとりの音域・音質はバラバラであり，統一する労力はクラス合唱と何ら変わりがありません。中学1年生では，指導者がしっかりした考えをもってあたらないと，合唱完成への方向を生徒にもっていかれてしまう危険性があります。部活動を自主的にさせることも大切ですが，そのかじとりをしっかりしておくことが成功の秘訣かもしれません。

　この選曲にあたって，まだ合唱経験も浅い中学1年生なので，①詩の意味がストレートに理解できること　②各パートに主旋律がおかれていること　③リズムやハーモニーがあまり複雑ではないことを考慮しました。

　クラス合唱でも同様でしたが，1年生のこの時期の男子は日ごとに一人ひとりの音域が変わっていき，それをまとめるのは大変な苦労がありました。定期演奏会では1年生のステージとして，この組曲全曲を歌いましたが，結局は，女声の高音の鳴らし方，男声の低音のひびき等は，私が期待したほどの成果は見られませんでした。

　それにしても，1年生ばかり33名で構成した合唱部の歌声は，その後の合唱の中における変声期指導の研究に大いに生かされたことは確かです。

CD：No.	31
曲　目	一日に何度も
演奏形態	混声三部合唱
作詞・作曲	高田敏子　詞／岩河三郎　曲
収録対象	合唱部2年生　男9・女24（八戸市立長者中学校）
収録時期	11月下旬

演奏コメント

　1年生で「チコタン」を歌った生徒たちも2年生になりました。録音は11月下旬の歌声ですが，変声後期にさしかかったことと，いろいろな曲を歌い続けた経験から合唱づくりの何であるか，その理解も深まり，互いの声が合唱の中によく溶け込んでいます。男女とも，完全に変声を終えてはいませんが，この曲ではさほど苦しさを感じさせない程度に落ち着いてきました。

　指導は変声に配慮しつつ，各パートの役割と声量バランスのとり方を中心に行い，決して叫んだり，吠えたりすることで声の主張をしないことを約束しました。主役を演じる者への心遣いは，すべてのハーモニーづくりに通じます。少し大袈裟ではありますが，その心遣いを指導することは，「人間の助け合い精神」を教えることにもつながり，そこに「合唱ならではの人間教育」の姿があるような気がします。また，「一日に何度も」は男声の音域をよく考えて作られた曲であり，このような作品がもっと世に出ることを期待したいと思います。

　音源からもわかるように，この曲の山場である「お母さんこおろぎが鳴いている」「お母さん背くらべしましょう」を充分鳴らして歌っているところから，中学2年生のこの時期でも，一点ニ（D）の音高が訓練によって可能音域になると考えられます。ちなみに，この「一日に何度も」や「巣立ちの歌」は，短いナレーションを入れて卒業式の終わりに歌わせてきました。感動ものです。

CD：No.	32
曲　目	木　琴
演奏形態	混声三部合唱
作詞・作曲	金井　直　詞／岩河三郎　曲
収録対象	合唱部３年生　男９・女24（八戸市立長者中学校）
収録時期	11月下旬

演奏コメント

　1年生で「チコタン」，2年生で「一日に何度も」を歌ったメンバーによる3年生での「木琴」です。変声の推移を見るために計画的に取り組んだもので，各学年とも11月に収録してきました。ある学年の生徒を追いかけて，学年ごとにその歌声を聴くと，その変容がよくわかります。

　ふり返ってみると，変声中の発声に対する心配りや，生徒指導を含む部活運営等に，さまざまなドラマがありました。合唱部に専念する女子と，一部は運動部とも掛け持ちしていた男子の有志と……。そんな組み合わせによる混声合唱活動は，3年間を通して苦労も多い反面，やりがいもありました。

　3年生になってからは，男女とも，指導の上で変声に関する問題はあまり出ませんでした。むしろ，変声期を乗り越えた上でのひびきづくりや立体的な合唱づくりの指導に明け暮れたことが思い起こされます。

　ところで，この「木琴」は，かつて中学1年生の国語の教科書にも載ったことのある有名な詩です。私自身よく知らない戦争の背景を生徒に伝えるのは，大変なことでした。音源からも感じ取れるように，曲想表現の工夫がやや平板で，多彩さが不足しています（特にソプラノ等）。それでも，この曲のドラマチックな表現を好んで歌う生徒の姿に，3年間の心の成長を感じ，嬉しくもありました。

5 変声期の合唱指導に必要な配慮とは
歌うことの楽しさを伝えたい

　学年が進むのを追ってその歌声を改めて聴いてみると，生徒の心身の発達と音楽に対する関心や意欲の深まりを強く感じることができます。

　一人ひとりの顔立ちが違うように，変声の訪れる時期も，また変声期の期間も一人ひとり異なります。個人差の大きい変声期をスムーズに乗り越えるためには，声を保護することも大切ですが，決して指導者側が消極的になってはいけません。変声前・初期・中期・後期，そして変声後というように，その日その時その段階に応じたケースバイケースの指導法が求められているのです。何よりも大切なのは，不安を取り除き，歌う気持ちを育て，自信を持たせることです。そのような指導によって，子どもたち自身も心と体の変化に目をそむけたり羞恥心を抱いたりすることなく，成長していく自分の声と音楽に向き合っていけるのではないでしょうか。このように，自信を持つことにより，生徒は無限の力を発揮することができるのです。

　学校の現場にはさまざまな課題が山積していると思いますが，合唱（歌唱）という活動の場を通して，思春期真っただ中の生徒たちに「変声期」という人生における一つの関門を無事通過させ，生涯にわたって音楽を楽しむ基礎を築いてほしいものです。

3章

小・中学生に伝えたい発声法
~ひびき（共鳴）を中心とした指導~

ひびき（共鳴）のある発声とは

　発声指導には，姿勢，呼吸，共鳴などいくつかの領域がありますが，それらはすべて有機的に絡み合って，歌唱表現へとつながっていきます。その全体の組み立てや現場で役立つノウハウは拙著『イラストでみる合唱指導法』（教育出版）を参照していただくこととし，本書では歌唱における声の共鳴（ひびき）を中心に述べてみます。

　歌唱に必要なのは，共鳴をともなう発声です。共鳴がなければ，少なくとも合唱の音声としては使うことができません。合唱の力がどこまで育つのかは，共鳴のある声をどこまでつくり出せるかにかかっていると言っても過言ではないでしょう。

　では，「共鳴のある声」とは，どのようなものでしょうか。

　学習指導要領では，「自然で無理のない声」や「曲種に応じた発声」などと表現されています。別の言葉で表現すれば合唱の場合，「透明な澄んだ声」とも言えるでしょう。「柔らかい声」「豊かなひびきのある声」なども，表現としてよく使われます。いずれも身近な言葉を使ってはいるものの，いざ歌うとなると，なかなか難しいものです。なぜなら，共鳴は姿勢や呼吸，発音や口形，顔の表情など多くの要素がかかわってつくり出されるものだからです。しかもやっかいなことに，共鳴の様子は目で見えません。耳で判断するほかはないのです。

　この章では，小・中学生が少しでもやさしく共鳴をともなう発声法を理解し，体得することができる工夫について考えてみましょう。

1 子どもへ伝える発声法
歌心に歌声をのせて

　発声法をいかにわかりやすく子どもたちに伝えるかは，教師にとって難しい課題です。専門書の用語と現実の指導との間に隔たりを感じ，「より簡単な子ども向けの発声法」を求める気持ちも理解できます。しかし，意識するしないに関わらず，日頃，私たちが授業で行う発声指導も，たとえばフースラーの著書にあるような学問的理論が必ずベースになっています。ですからまず，教師自身が児童・生徒向けの発声法の根底にある理論の奥深さを認識し，普遍的な原理原則をしっかり把握することが大切だと思います。

　この章では，「共鳴図」「共鳴と声区の知覚図」「ステレオVoice」など発声法の理論を，専門的になり過ぎないよう，"実用的に" "わかりやすく"をモットーにまとめてみました。先生方には発声法を改めて裏づけのある理論としてとらえ，音楽の授業で自信を持って児童・生徒に発声指導を実践するきっかけにしてほしいと思います。

ちょっとひとこと

🌸 子どもは歌いながら何を思っている？

　歌っているときの子どもたちは，頭の隅でこんなことも考えているようです。
- 自分の音程は皆と合っているかな？
- 自分だけが飛び出して声を出していないかな？
- 発声が練習のときのように，よくできているかな？
- 周りの人たちに迷惑がかかっていないかな？
- 間違ったら恥ずかしいな。

　　　　　　　　　　　　　　　（中学1年生へのアンケートより）

2 ひびき（共鳴）のメカニズム

はじめに，私たちが児童・生徒へ発声指導をする際，知識として最低限，理解しておくべき共鳴関連の用語を整理しておきましょう。

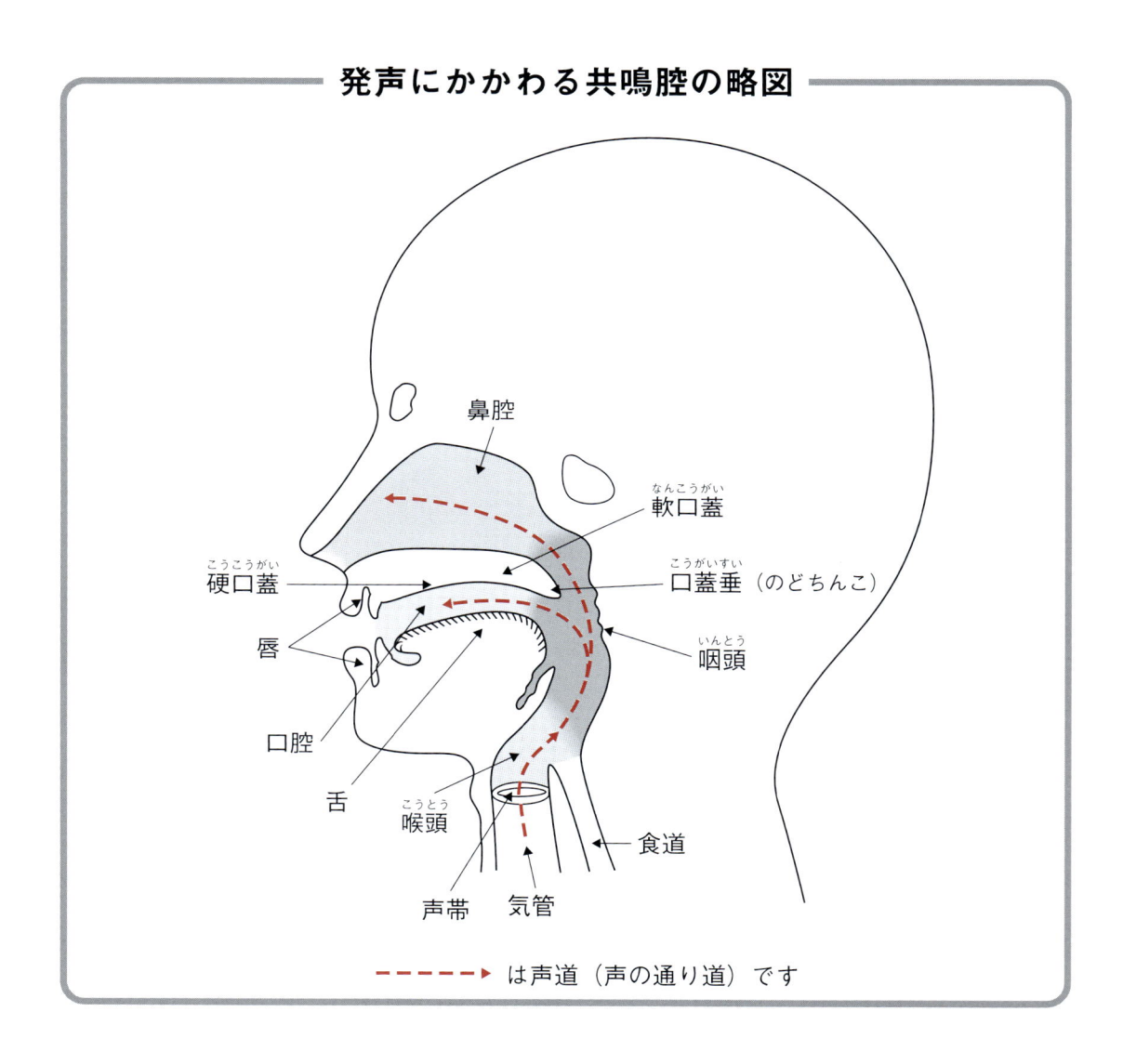

発声にかかわる共鳴腔の略図

- 鼻腔
- 軟口蓋（なんこうがい）
- 硬口蓋（こうこうがい）
- 口蓋垂（こうがいすい）（のどちんこ）
- 唇
- 咽頭（いんとう）
- 口腔
- 舌
- 喉頭（こうとう）
- 食道
- 声帯
- 気管

------▶ は声道（声の通り道）です

共 鳴

　共鳴とは，音のエネルギー（空気の振動）を吸収したり，吐き出したりして外部に伝える現象のことです。もとは音響物理学の用語ですが，現在では音楽の発声指導でも「共鳴」ということばが使われています。

　共鳴（ひびき）をつくるところは，簡単に言うと，鼻，口，のどのそれぞれの空間部分ということになります。これらをまとめて「共鳴腔」と呼びます。

　児童・生徒へ指導する際には，私たち教師は「頭にひびかせて」とか「おでこにひびかせて」，「眉と眉の間に声を集めて」という言い方をよく用います。なぜなら，鼻や口などの共鳴腔を使うとき，実際に頭・おでこ・眉と眉の間の位置に微振動を感じるからです。このひびきを分類すると，いろいろな説はありますが，その一例を下図で示しておきましょう（P.50関連）。

	ひびいたときの感じ，イメージ	声区	体の部位
①	・いちばん知覚しにくいが，ひびいたときは呆然とした状態になることがある ・にわとりの声のイメージ	頭声	上頭部のひびき
②	・比較的知覚しやすい ・美しい声の中心 ・ハミングなどでひびきを感じやすい	中声	鼻腔のひびき
③	・自分にはよく聴こえる ・口先で簡単に変化させられるが，口の開き方で音色がかなり変わる	中声	口腔のひびき
④	・自分には充実したひびきが出ているように錯覚しやすい ・特にのどを緊張させるとのどを詰めたような声になる		喉頭部のひびき
⑤	・最低音域を出すときに利用する ・力強く豊かなひびきの土台となる	胸声	胸部のひびき

共鳴腔

共鳴腔とは，声楽的には（1）鼻腔（鼻）・（2）口腔（口）・（3）咽腔（のど）の空間部分を指します。

（1）鼻腔　鼻穴から鼻筋に沿った，ずっと奥の部分のこと（赤色部分）

比較的知覚しやすく，美しい声のひびきの中心となります。特に高音部のひびきに深く関係しています。

鼻腔のひびきを感じながら歌うと，地声が防げる，柔らかい音色や甘さが得られるなどの長所があります。ハミングなどでひびきを感じて，ひびいている鼻腔の位置を確かめてみるとよいでしょう。

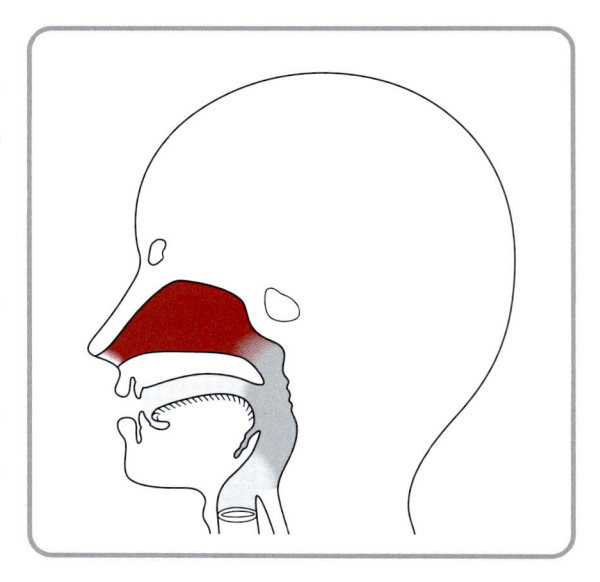

（2）口腔　口蓋垂（のどちんこ）より前（口の中）の空間のこと（赤色部分）

口腔による共鳴では，口先で音色を変化させることができ，ひびいた声が自分にもよく聴こえます。口の開き方で音色を変えながら知覚させるとよいでしょう。

口腔に共鳴させると声は大きくなりますが，むき出しの固い感じの声になりやすいので，使い方に注意が必要です。

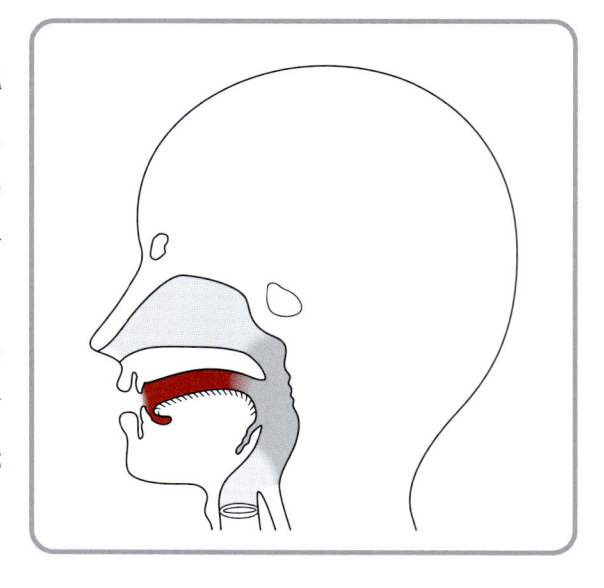

(3) 咽腔　　口蓋垂あたりから鼻の奥まで続く空間のこと

　児童・生徒に対しては，咽腔共鳴について特別に取り上げて指導する必要はないでしょう。声帯が振動した時点で，音はすでにのどに共鳴しています。それを無理に意識しようとすると，のど声になりかねないからです。

●●● 地　声 ●●●

　日本では，胸声のことを地声と称して使っていることがありますが，声楽的には，のど声をともなった荒い音色をもつ声を指すことが多いようです。

●●● 胸　声 ●●●

　胸声とは，比較的低音域で整った美しい声が力強く胸にひびく感じの声のことを指します。児童または女声合唱では，この支えのある声を上手に使うことにより，幅のある安定した合唱をつくることができます。

●●● 頭　声 ●●●

　頭声とは，胸声を通りすぎて，頭にひびくような感じの声を指します。胸声ほどの強さはありませんが，ある音の高さ以上になると音色が変わるのが特徴です。いちばん知覚しにくいのですが，ひびいたときは鼻腔共鳴を利用した声，つまり頭部の共鳴を利用した声と理解してよいでしょう。

●●● チェンジボイス ●●●

　低い音から順に音階を歌っていくと，声がつっぱって出なくなったり，急に変わったりする所があります。そこが声のチェンジ（換声）する場所です。その場所は人により異なるので，まず自分の場所を知り，ひびく音が自然に鳴るようにすることです（練習は，高音から低音へ下行する形がよい）。

3 声区（換声区）とひびき

　「声区」とは発声の際，それぞれ声の質が変わる点を言い，一般的には，「胸声区」「中声区」「頭声区」の三つに分けられます。音高によってひびかせる場所に感覚的な違いがあることから，分類が行われています。
　歌唱指導においては，それぞれの声の質の融合のしかたを工夫することによって，さらにひびきの深まった音楽づくりができるでしょう。

	分類	おおよその声区	身体でひびきを感じる場所
①	胸声区		胸の上部と頸（のど，くび）でひびく感じ
②	中声区		口と鼻腔でひびく感じ
③	頭声区		鼻の上部・額から頭部にかけてひびく感じ

「赤とんぼ」を例にとって歌ってみましょう。

山田耕筰　作曲

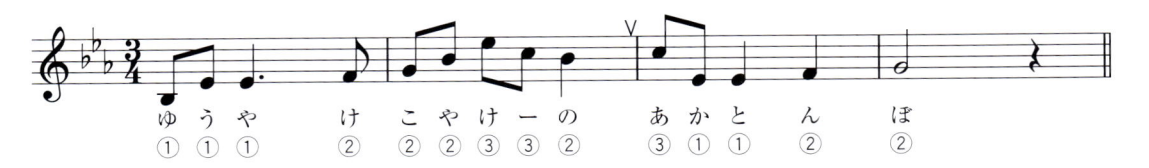

（楽譜：ゆうや ①①① けこやけーの ②②②③③② あかとん ③①① ぼ ②　②）

・**数字は，①胸声区　②中声区　③頭声区を示す。**

　胸声区，中声区，頭声区の呼び名や声区の幅についてさまざまな意見はあるものの，いまだに結論は出ていません。いずれにしても，それぞれの声区の幅は，子どもによって多少の違いがあるので，実態に合わせて指導するとともに，各声域では絵画の色彩づくりと同じように，ひびきの混ぜ具合を加減して音色を工夫するデリカシーが必要でしょう。

ちょっとひとこと

男子児童のファルセット

　ファルセットという用語には解釈の違いがあり，諸外国の文献でも定かではありません。ですから厳密に定義付けることは難しいのですが，子どもの場合，男子の方が女子より話し声が低くなっていくので，話し声の声域を換声（高い声から低い声へ変えること）させ，裏声的な発声に持っていき，それに共鳴をつけて前面によくひびく声を"ファルセット"とでも言ったらいいのでしょうか。
　子どもの美しい声はファルセットであると定義付ける人もいます。また，大人の男声では，カウンターテナー等という場合もあります。

4 ひびきの焦点（ポジション）をイメージする
フレデリック・フースラーの発声法より

　歌い手であり，音響医学博士でもあったスイスのフレデリック・フースラーは，著書『うたうこと（原題 Singen）』の中で，共鳴を感じる場所を音の焦点（ポジション）と呼んでいます。別の言い方をすれば，ひびきを出すためにのどから出た声をぶつける"当てどころ"が"焦点"です。発声するとき，焦点（声の当てどころ）を意識することによってさまざまなひびきをつくることができます。

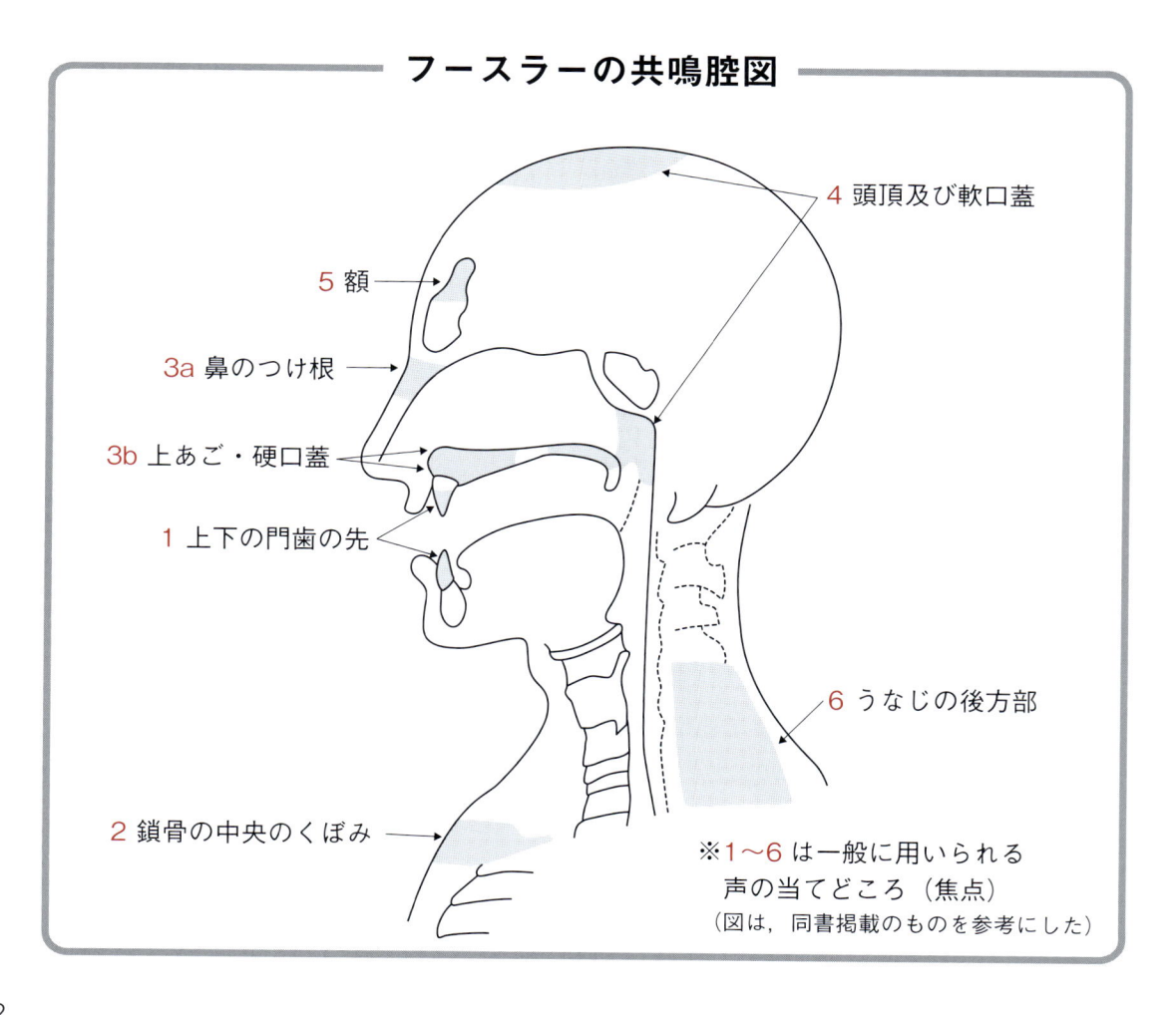

フースラーの共鳴腔図

- 4 頭頂及び軟口蓋
- 5 額
- 3a 鼻のつけ根
- 3b 上あご・硬口蓋
- 1 上下の門歯の先
- 6 うなじの後方部
- 2 鎖骨の中央のくぼみ

※1～6は一般に用いられる声の当てどころ（焦点）
（図は，同書掲載のものを参考にした）

焦点(ポジション)の違いで音色はどう変わるか

● ポジション1
＜上下の門歯の先＞
〜前方に向かう声〜

このポジションの長所は，声が前方に出て，言葉が明確になることです。短所は，これだけに頼ると音色の甘さやふくらみがなく，やや荒く平板でつやのない声となることです。

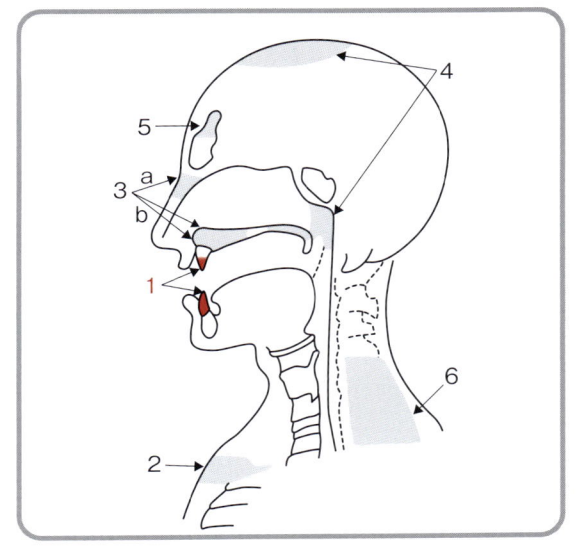

ポジション1

● ポジション2 ＜鎖骨の中央のくぼみ＞
〜明るい色の声〜

のどが胸骨の働きによって下方に固定されるため，開かれた明るい音色になります。伸びのある生き生きとしたひびきが特徴です。

ただし，共鳴の場所がのどの近くなので，のど声になってしまわないように気をつけなければなりません。特に子どもの場合は，荒いのど声になりがちなので，この焦点を意識した練習はあまりおすすめできません。

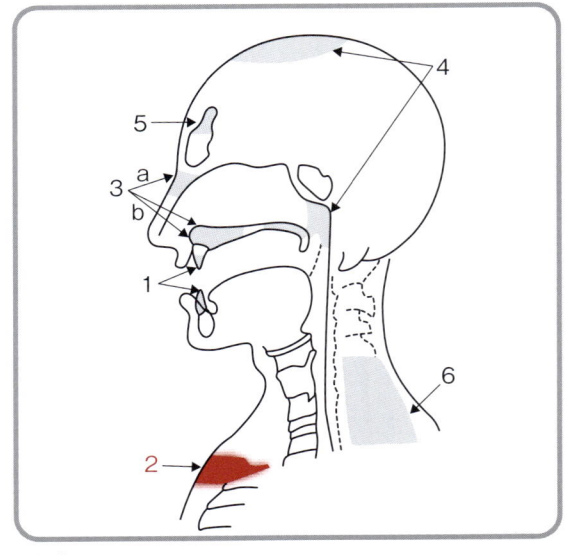

ポジション2

● ポジション 3a ＜鼻のつけ根＞
   ～鼻の中心にひびく声～

イメージとして「鼻のつけ根から音を飛ばす」とか「顔面に高音を当てる」などと形容されるひびきです。声帯全体が振動し充実した声になるので、一般に多く用いられています。

子どもの発声にはこれがよいとされていますが、練習が過ぎると鼻にかかった狭い声になることがあります。

なお、「鼻にひびかせて」という表現で指導するときは、実際には「鼻すじ」を通して上に向かって声をひびかせることを言っているのです。

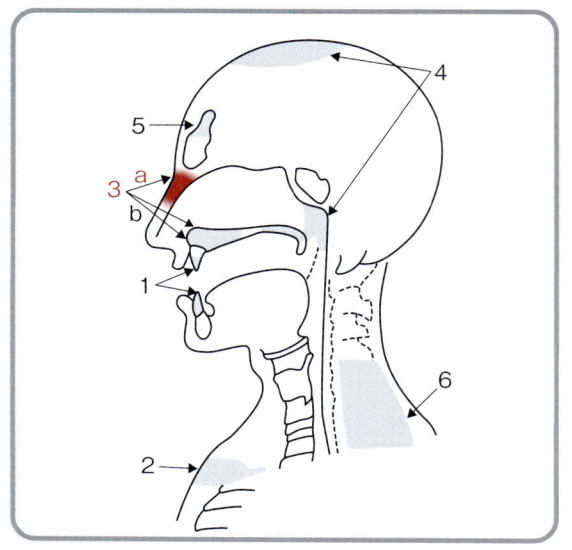

ポジション 3a

● ポジション 3b ＜上あご・硬口蓋（こうこうがい）＞
   ～柔らかくひびく声～

このポジションは、まるく柔らかい、ひびきのある声を得ることができます。

硬口蓋にややスピード感をもって空気が当たることで、そこにひびきが生まれ、歌の色彩感までも生むことができるのです。

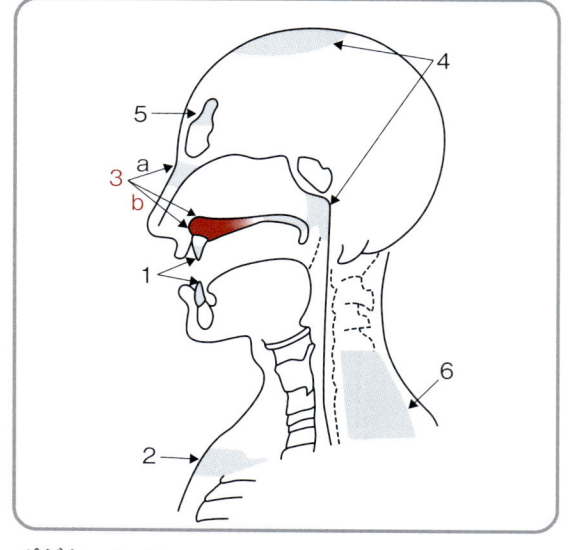

ポジション 3b

● ポジション4＜頭頂及び軟口蓋（なんこうがい）＞
〜純粋な頭声〜

　のどのすぐ上（軟口蓋）を広く保つ発声方法で，「純粋な頭声」を得ることがねらいとなります。ドイツ語で言う「デッケン」された声が生まれ，できあがったひびきは，ふくらみは感じられますが音の芯はありません。日本では，よく「かぶせるように」とか「包まれたように」歌う，という表現が使われています。

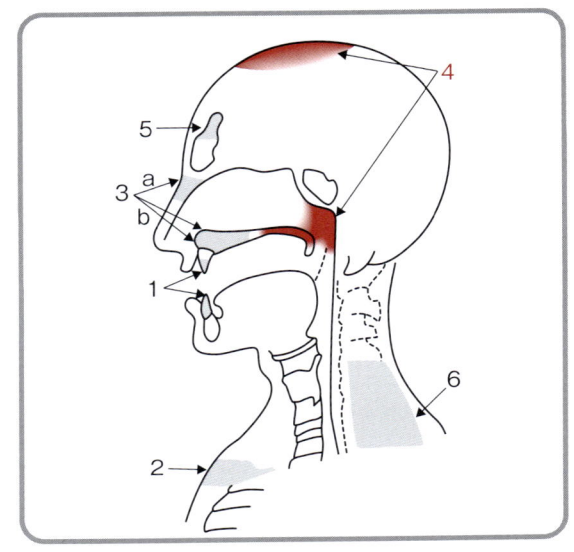

ポジション4

● ポジション5＜額（ひたい）（おでこ）＞
〜ファルセットの混じった声〜

　当てどころを額にもってくる弱頭声で，一般にはファルセットやファルセットの混じった声と呼ばれます。

　練習法としては，高音のロングトーンで弱音から始まり，クレシェンドしてフォルテへと自然に拡大する方法がよいでしょう。高音のロングトーンを出すには「支え」もしっかりしていなければなりません。

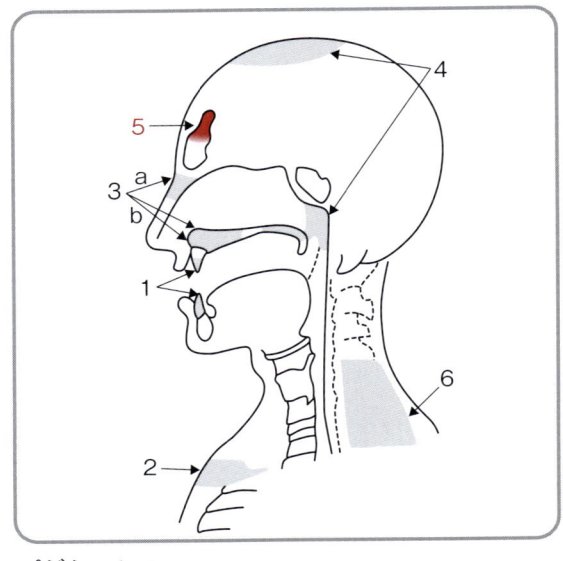

ポジション5

● ポジション6 ＜うなじの後方部＞
〜つやのある声〜

　声を当てる具体的な場所は，頭を前に傾けたときに脊椎が飛び出す部分になります。

　つやのあるひびき，充実した豊かな頭声をつくることが可能で，特に高音で充実した頭声をつくるときは，ここがポイントとなります。ただし，このポジションばかりを使っていると，いわゆる「のど声」となりやすいので注意が必要です。

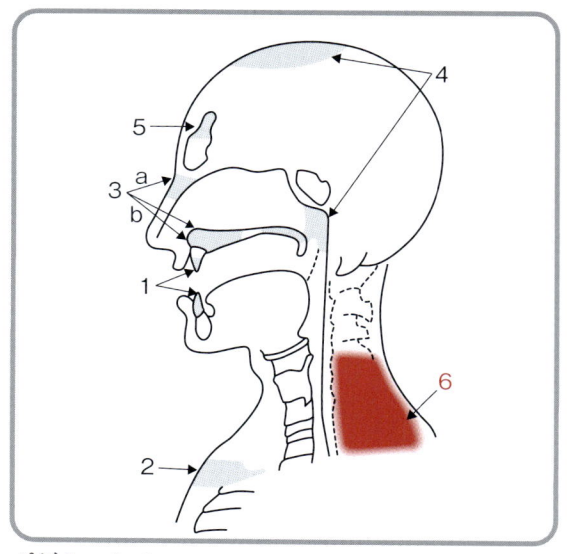

ポジション6

　ここまで見てきたとおり，それぞれの焦点を目ざすことにより，音色が微妙に変わります。発声するときは，一つの焦点のみにかたよらず，すべての焦点でのひびきを感じる練習をすることが大切です。

　焦点は，その人の骨格などによっても多少異なります。常に全体を意識し，総体の中の焦点であることを忘れずにひびきを感じてください。そして，そこから生まれる音色を自覚できると良いでしょう。

6 ステレオ Voice
鼻腔共鳴と口腔共鳴の組み合わせ

　世に「発声法」の著書は数多くありますが，そのすべてを読破し実践することは，不可能に近い，といってもよいでしょう。数ある発声法の中から，前項ではフースラーの発声法よりひびきのポジションについてふれました。もう一つ，発声法の例として，須賀靖元氏の提唱する「ステレオVoice」についても述べておきたいと思います。

　かつて私が教育の現場にいた頃，授業や合唱部の活動でこの「ステレオVoice」を取り入れていました。生徒たちもよく理解してくれて，その学校独得のサウンドづくりに成功したことを覚えています。ぜひ参考にしてみてください。

※以下の記述は，須賀靖元著『発声法』をもとに構成したものです。同書では，(1) 鼻腔共鳴，(2) 口腔共鳴，(3) ステレオVoiceの3項に分けて説明しています。

● **(1) 鼻腔共鳴**

　鼻腔には，呼吸と音声の増幅という二つの大きなはたらきがあり，発声するときは，両方のはたらきをうまく使い分けています。

　発声における鼻腔の本質をひと言で表現すれば，「音の芯をつくるところ」ということになります。鼻腔を中心にした音声のひびき，またそのひびきの増幅作用を，鼻腔共鳴と呼びます。

　鼻腔共鳴をともなう発声では，音色の甘さ，柔らかさ，優しさなどが生まれ，広い意味での音楽性が豊かになるという長所があります。反面，空気を

切りひらいて進撃するような強さには乏しいことが短所としてあげられます。

　確かに，鼻腔共鳴をともなった話し声には，まろやかな味があったり，ときには情緒さえ感じさせることもあったりします。たとえば愛をささやくときの「鼻を鳴らす」とか「鼻にかかる」などと言われる声は，人間が自然に会得した鼻腔共鳴による声の表現手段の一例でしょう。

　この鼻腔共鳴を上手に使いこなすためには，どんな練習をすればよいでしょうか。いつでも，どこでもできる方法として，おすすめしたいのがハミングです。

　ハミングにも，いろいろなやり方がありますが，大別すれば，次の3種になるでしょう。いずれの方法でハミングするときでも，頭部や，顔面や，胸部へ，どのように音の共鳴を感じるか，何度もくり返し反復しながら，体感することが大切です。

ハミングの方法

①歯を半開きにして，唇をかるく閉じる。
②歯を半開きにして，唇を少し開く。
③歯を閉じ，唇も閉じる。

　3種のうち，どのハミングがよいのかは個人差によって違ってきますので，一律にこれがよいとは決められません。ただ，自分にあったやり方がどれなのか判断がつかない人は，①の方法でハミングの訓練をするとよい，とされています。

　ハミングの練習をするとき必須の条件は，のどを開き，十分にブレスを整えることです。「のどを開く」には，あくびをかみころしたときの感じを思い出して下さい。あくびが出ようとするのを，出さないで止めた状態，それがちょうど，のどを開いた状態にあたるわけです。のどの内部の形状からいうと，ノドボトケが平常よりも低く下がったところに位置することになります。

では，反対にのどが閉じた状態，あるいは，つまった感じとはどんなものでしょうか。それはちょうど，水を飲もうと構えながら飲まないで止めているときの，のどの状態です。このときは，ノドボトケがあごの下部につり上がった状態になります。のどのつまった声というのは，出している当人は張りがあると感じることもあるらしいのですが，発声法の立場からすれば完全に落第と言えます。

　また，ハミングの訓練をするときも，十分なブレスの態勢を整えた上で始めることが大切です。練習の内容がハミングに変わるだけで，基本的にはブレスを含めて普通の発声練習と同じように行いましょう。

　音程は，各人が最も抵抗を感じない音高，つまり，もっとも発声しやすい高さで練習してかまいません。自分に合った音の高さがよくわからない，という場合は，一点イ（A）のロングトーンで始めてみるとよいでしょう。

　もう一つメロディーにのせて練習するのであれば，次のフレーズが効果的です。

「星の世界」より　　　　　　　　　　　　　　　　　　　コンヴァース　作曲

　ハミングでは，鼻腔共鳴音だけをつくる練習をしなければなりません。自分のハミングが鼻腔共鳴だけの正しいハミングで鳴っているかどうかを確認する方法があります。それは，発声中に，いきなり鼻をつまんでみるのです。鼻腔共鳴だけのハミングができていれば，音声は完全に停止するはずです。もし，ひびきが残って鳴りつづけるようなことがあれば，それは鼻腔共鳴音ではなかったことになります。

　「鼻腔共鳴でつくられた音声は，声の芯である」とか「音の芯は鼻腔でつくれ！」という表現の意義を，しっかりつかみ，十分にハミングのコツをマスターしてほしいと思います。

● （2）口腔共鳴

　口腔共鳴とは，音声が口腔で共鳴することを言います。鼻腔共鳴同様に，口腔共鳴にも長所と短所があります。

　長所は，音声につややかな味わいが出ることで，「声のつやは口腔共鳴で培え」と言われています。また，空間を切り開いて進むかのように，音声を遠くまで伝達することができるのも，口腔共鳴の長所です。

　短所は，むきだしの声に共通した固い感じがぬぐえないことです。口腔共鳴の音声は，よく通る声をつくる必須条件の一つでもありますが，単独の口腔共鳴だけではストレートで荒々しすぎる声になり，プラスのイメージになりにくいことが多いのです。

　発声が口腔共鳴によるものかどうか確認するためには，鼻腔共鳴のときと同様に，鼻をつまんでみたり，押さえてみたりします。つまんでも離しても音色に変わりがなければ，完全に口腔共鳴だけでつくられた音声です。もし，鼻をつまんで音色の変化が起これば口腔共鳴以外の声音が混じっているということで，発声の練習上は「口腔共鳴の失敗」ということになります。

　口腔共鳴での発声が自然に行われている例をいくつかあげてみましょう。これらの具体例をイメージすることで，口腔発声の感覚をつかみやすくなると思います。

①登山家が両手を口に添えて「ヤッホー」と仲間と呼び合うときのかけ声。
②守備についた野球選手が，互いに気合いを入れ合うときのかけ声。
③海岸や海上で漁師たちが呼び合う声。前述したように，空間を切り開いていくかのように，かなり遠方にまで伝わる声です。風波の音にうち勝つために，口腔共鳴の効果を自然に修得した結果と考えられます。

(3) ステレオ Voice

　鼻にかかったハミングだけでも「ヤッホー」のかけ声だけでも歌は成り立ちませんから，歌うときには，鼻腔共鳴と口腔共鳴を組み合わせて発声しなければなりません。ステレオVoiceとは鼻腔・口腔の両方を組み合わせてつくる音声のことで，須賀靖元氏が著書『発声法』の中で紹介している用語です。

　鼻腔共鳴でも，口腔共鳴でも，それらが単独に用いられた音声は，声楽上プラスになる場合とマイナスになる場合があります。ステレオVoiceは二つを組み合わせた音声なので，組み合わせ方に物理学的な配慮が必要になります。抽象的な表現になってしまいますが，数式で表すとうまく説明できますのでやってみましょう。

　鼻腔共鳴をa，口腔共鳴をbとします。それぞれに，＋（プラス）と－（マイナス）があります。ステレオVoiceは両方を組み合わせたものですから，この相乗ということになります。これを式で表すと，次の四つの式ができます。

	鼻腔共鳴×口腔共鳴＝	ステレオ Voice
①	$a \times b =$	ab
②	$a \times (-b) =$	$-ab$
③	$(-a) \times b =$	$-ab$
④	$(-a) \times (-b) =$	ab

　ここで，相乗の結果がマイナスになるような組み合わせは避けるようにします。となると，理想として考えられるステレオVoiceは，①のように$a \times b = ab$の型になります。

　これを実際の発声にあてはめると，鼻腔共鳴と口腔共鳴の音は，それぞれ

鼻と口を中心として音波の渦をつくります。その音波の渦を顔の前面で交叉させてつくる音声を須賀氏は「ステレオVoice」と定義しているのです。

ところで，古くから発声法の解説では，必ずと言って良いほど「顔の中に三角をつくれ」という言葉が出てきます。「顔の中に三角を想像しよう。その三角の中に音声の本質がある。……」といった表現が使われます。この表現をあらためて，ステレオVoiceと関連づけて考えてみることにします。

まず，鼻腔共鳴の音のひびきを，鼻を軸として縦に長く，横に狭い音声の渦と考えます。そして口腔共鳴は，口を軸として横に広く，縦に狭い音声の渦だと考えます。すると，二つの組み合わせは次のような図になります。

ステレオ Voice 1

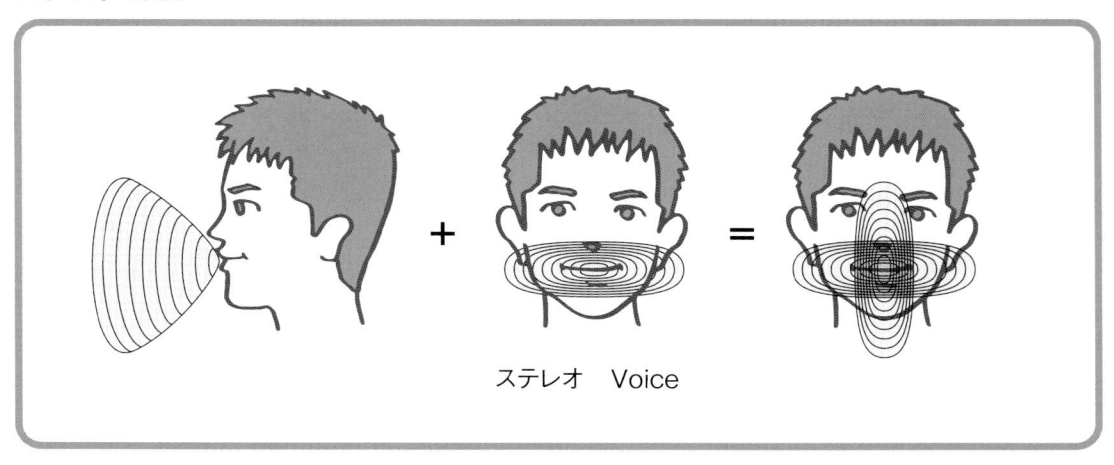

つまり，顔の中の三角というのは，鼻腔共鳴と口腔共鳴を組み合わせてできるステレオVoiceの渦の頂点を，それぞれ結んだものと同じなのです。これまで漠然とした表現で，「顔の中の三角を意識せよ」と言われていたのは，「ステレオVoiceを考えよ」ということにほかならないわけです。ステレオVoiceつまり鼻腔共鳴と口腔共鳴の組み合わせ方が，どれほど重要なものであるかを改めて知っていただきたいと思います。

いま一度，この三角形を図によって説明すると，顔の中にできる三角形いわゆる「ステレオVoice」には，αとβの二種類があることになります。

ステレオ Voice 2

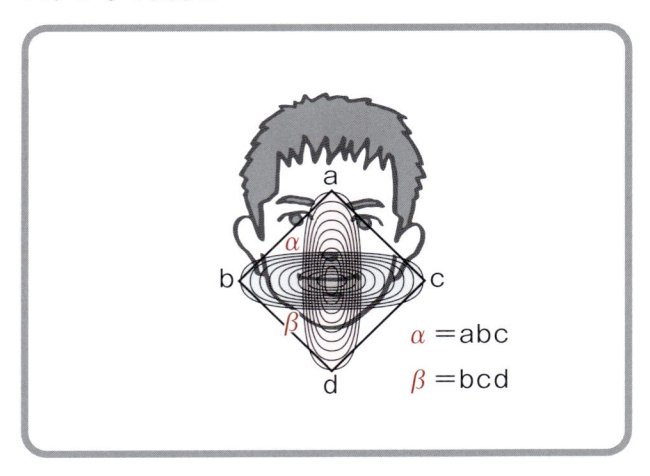

α = abc
β = bcd

　αのステレオVoiceとβのステレオVoiceとでは，多少異なった味を持っています。αの方は甘さ，βの方には鋭さがあります。

　このように，鼻腔共鳴と口腔共鳴を組み合わせたステレオVoiceを意識することによって，二つのひびきをバランスよく含んだ歌声をつくり，音色を工夫することができます。

　音声の好みには個人差があり，大きく分けて鼻腔共鳴の味が多い声を好む人と，口腔共鳴の味が多い声を好む人がいるほか，明るい音色を好む人，暗い音色を好む人，軽い音色を好む人，重い音色を好む人といろいろに分けられます。

　いずれにしても，鼻腔共鳴と口腔共鳴をステレオ式に使って，もっともよいバランスをつくるには，自分が理想的な状態にあると感じるだけでは不十分です。発せられた音声が，聴く人にとっても共感を呼ぶものでなければならないことを憶えておきましょう。

4章

曲想表現を深める合唱指導の工夫

～表現の喜びを伝える～

子どもたちの意欲を高める合唱指導へ

　児童・生徒が教師の話に耳を傾け，心を開き，意欲的に集中力を持って歌ってくれたら，合唱指導の70％は成功したと言えるでしょう。そのためには，教師の努力と指導力が問われるところですが，私たち教師が音楽の専門用語をいとも簡単に使ってしまったり，逆にあいまい（アバウト）にすることによって，意図することが伝わらない，という場面が意外に多いのではないでしょうか。せっかく児童・生徒が集中力や意欲を持って臨んでも，指導の言葉が適切でなければ，曲想表現の深まりにつながらないばかりか，児童・生徒の意欲までも失わせてしまうことがあるのです。

　考えてみれば当たり前のことですが，子どもは自分が経験したことをもとにして，ものごとを理解したり想像したり感じ取ったりしていくものです。大人が抽象的な言葉を振り回して，あんな感じ，こんな感じなどと言ったところで，納得してくれる可能性は少ないのです。

　そうした反省の上に立って，この章では，合唱の曲想表現でよく使われる用語の中から，いくつかを選んでまとめてみました。指導者の知識整理のため，あるいは，どのように伝えれば児童・生徒が集中力や意欲を高めながら音楽的な表現ができるのかに視点をおいて，私見を含めて解説を加えています。児童・生徒の実態に応じ，伝え方のヒントとして適宜取り上げて活用して下さい。

1 発声の基本はお腹の支え
呼吸・ひびき・音程・声量・強弱へつながる

　「支え」は，合唱指導の導入段階で「姿勢づくり」とならんで欠くことのできない指導内容であり，よりよい合唱を目ざすために，常に意識的に行うべきことです。

　発声で言う「支え」とは，声を出すための一つの「フォーム」，または「構え」とも言い表すことができます。「支え」は，息を吐くという発声の最も基本となることから，呼吸，ひびき，音程，声量，強弱のコントロールにまでもつながっていく大変重要なはたらきをします。「支え」のない声は音程が下がったり，一つのフレーズを保つことができなくなったりして，曲想表現にまで影響を与えることとなります。

　物体を「支える」と同じ漢字を使うことでもわかるように，ある種の緊張感をともなう体のはたらきでもあります。そのはたらきは横隔膜の部分（胃，みぞおちのあたり）で行われます。声を出す瞬間，感覚的には横隔膜が持ち上がるような，へこむような感じがあり，みぞおちの周辺が呼吸するたびに「ピクッ，ピクッ」と動くのが，手を当ててみるとよくわかるはずです。

　この横隔膜の動きによって行う呼吸を，腹式呼吸と言います。腹式呼吸は，日常生活でも無意識のうちにくり返されていて，歌の発声の場合は，この動きをもっとハードに利用することになります。

2 歌唱における腹式呼吸の指導
お腹に空気が入ったような感覚をつかむ

　「もっとお腹を使って」「もっとお腹で空気を吸って」「もっとお腹で声をしっかり支えて」などなど，合唱指導では当然のように「腹で空気（を吸う）」という表現が使われています。誰が言い始めたのかわかりませんが，私たち教師は都合のいい言葉として，当たり前のように使っている気がします。

　しかし，子どもたちは，この言葉をどのように受けとめているのでしょうか。「腹で空気を吸う」とはどういうこと？　と聞かれたら，何と答えたらいいのでしょうか？

　改めて考えれば，空気をとり入れる臓器は肺であり，腹の中には肺が存在しませんから空気が入るはずはありません。医学的には「腹で空気を吸う」という表現は誤りであることに気づくでしょう。

　しかしながら，歌を歌うときは，会話するときに比べて倍近くの空気を吸っているので，肺の隅々まで空気が入り，肺が大きく広がります。そのために胃や腸が押されて，腹が前後左右にふくらむような感じになります。それが一瞬にして起こるので，いかにも「腹に空気が入った」ように感じるはずです。それを表現して，「腹で空気を吸う」と言うわけです。

　教師はこの理屈をしっかりと理解し，子どもたちにも話しておいた方がいいでしょう。

　「腹で空気を吸う」とは，最終的には，曲想表現につながる最も大切な腹式呼吸のことを言いたいのです。では，「腹式呼吸で腹全体がふくらむ感覚」をつかむには，どうすればいいでしょうか。

　腹式呼吸が自然にできている子は，立ったまま自分のお腹に手を当てることによって，感覚をつかむことができます。

一方，お腹より先に胸が広がり肩が上がってしまう子は，立ったままではなかなか感覚がつかめません。最初は仰向けに寝て腹部に手を当て，空気を吸ってみるとわかりやすくなるでしょう。

　しかし，この方法で感覚をつかんでも，立った姿勢で呼吸をすると，また胸式呼吸になってしまう子もいます。そのような子には，十分時間をかけて「腹に空気」の感覚をつかむ練習を繰り返し，腹式呼吸に慣れさせる必要があります。

　この腹式呼吸の体得のしかたは一朝一夕にして成らず，ケースバイケースです。合唱づくりをする人たちにとって，一つの曲を仕上げるには呼吸法60％，共鳴30％，曲想表現10％とも言われるくらいで，呼吸法の占める割合は大きいのです。その練習法として，拙著『イラストでみる合唱指導法』（教育出版）Section2．P.14～31の中のいずれかを参考にして指導してみてください。

🎵 理想的な呼吸法とは

　私たちが寝ているときは，横隔膜の運動を主体とした腹式呼吸をしているのに，起きている時はいつの間にか胸隔の上下運動がある胸式呼吸になっています。胸式は胸の上部を使うので，息はどうしても浅くなって，のどを使う発声になりがちです。

　のど声で怒鳴るような歌声の子どもは，胸式を多く使っていることが多いようです。発声は多少，胸式になる場合もありますが，基本は腹式呼吸であると心得ておきましょう。

3 自然で豊かな声を合唱に生かす
美しい声には訓練が必要

　「自然な声」とは発声に無理のない柔らかく，素直で純粋な本当の豊かな声のことと思います。一方では地声を「自然な声」とする考え方もありますが，歌唱においては，発声の指導が不十分な地声は話し声に近くなってしまい，音程が下がりやすいものです。地声を出すときは，呼吸も，胸の上部から肩にかけての筋肉が使われます。胸式呼吸に近いのですが，地声の呼吸と胸式呼吸は似て非なるものです。

　地声は声帯全部を使って振動させるので，声帯に負担がかかり，すぐ声が疲れてしまいます。一部には，「地声の方が生き生きとしてボリュームもあり，子どもたちがのびのびとして楽しそうに歌っているからその方がよい。」と言って発声指導を施さない場合もあります。しかし，そのような合唱は怒鳴り声に近くなり，力強いエネルギーは感じても，音楽的な美しさは感じられません。単なる自己主張と欲求不満の解消の集まりに過ぎず，ハーモニーなどにはほど遠く，音楽がまったく成立していないのです。

　ただ"訓練された地声"というものもあります。女声合唱や児童合唱のアルトパートでよく使われる，「支え」をしっかりさせて地声をうまく使う歌い方で，幅のある柔らかい声となり，安定したハーモニーづくりに大きく貢献しています。これこそが，合唱における「自然な地声」ということになるでしょう。

4 美しい日本語のスケッチ
母音と子音を生かした発音の工夫

　発音もまた，合唱を美しく仕上げる大切な要素です。
　正しい発音の原則は，一般に母音をできるだけ長く伸ばし，子音は，はっきり簡潔に一瞬に発音することです。
　子音というのは音楽をつくるには適さない音ですから，歌い手は母音から次の母音に移る間の時間を失わないようにしなければなりません。その理由は，音の高さをつくり出すのは母音だからです。
　だからといって子音が聴こえない歌声では，言葉が伝わらず合唱が成り立ちません。そこで最も効果的で手早い方法は，主に日本語の歌の場合には，子音を静かに発音するということです。ただし，合唱ではあえて一部の子音，特にサ行（Sa, Si, Su, Se, So）やハ行（Ha, Hi, Hu, He, Ho）を強調し，演奏効果をねらった表現法をとることもある，ということを付け加えておきます。具体的な方法は，拙著『イラストでみる合唱指導法』P.57を参照下さい。

ちょっとひとこと

赤ちゃんの呼吸に学ぶ

　私たちは歌を歌うために腹式呼吸の訓練をします。ところが生まれたばかりの赤ちゃんは，もともと腹式呼吸です。それが言葉を話し始める頃から，しだいに胸式呼吸に変わっていくのです。歌うために再び赤ちゃんの頃の呼吸方法を練習するというのは，なんだか不思議な気がしますね。

5 歌詞のまとまりを感じて
歌心を育てるフレーズ・フレージング

　「フレーズ」とは文章の区切りに当たる，旋律線の自然な句切れのことをいいます。また，フレーズの句切法，演奏法を一般に「フレージング」と言います。

　このフレージングの設定方法（何小節を1フレーズとして表現するか）が，音楽表現において重要な鍵を握っているのです。たとえ，音色が統一され，声量が豊かでハーモニーが充実していても，フレージングが適切でなければ音楽的な演奏であるとは言えません。

　フレージングは，子どもの歌心を育てるためにも大切なことです。たとえば，旋律のフレーズが切れても歌詞の上での"気持ち"がまだ続いていくような場合は，歌詞のフレーズをもとにして，その"気持ち"を伝えることができるような表現の工夫が求められます。常に歌詞の内容を理解し，語感を生かしながら，低学年の頃からじっくりと，フレージングの指導をしてほしいものです。

ちょっとひとこと

🎵 休符は休みにあらず

　♩や𝄽は"お休み"や"息を吸うところ"ではありません。音のない音楽です。①フレーズをおさめるため　②次へフレーズをわたすためのものと考えて，休符があってもメロディーのつながりを感じながら流れるように歌いましょう。

6 心の動きを曲想へ
感性の高まりを呼ぶアゴーギグ

　曲には指定された速度記号（♩=100等）や速度標語（**Moderato**等）がつきものです。それらをもとに，ニュアンス表出のため微妙に心地よい緩急変化（テンポルバート）をさせながら曲想表現をすることがあります。これを「アゴーギグ」と呼びます（ドイツ語で「速度法」とか「緩急法」と訳される）。

　このアゴーギグが上手にできると，感性の高まりを呼び，音楽が生きてきます。合唱じたいはもちろんのこと，ピアノの前奏がアゴーギグを表現してくれることで訴える力を増し，合唱に大きな影響を与えることもあります。反対に，一曲の中に不自然なアゴーギグを使いすぎると，聴く人に不自然な感じを抱かせることもあります（これを表現オーバーとも言います）。

　アゴーギグは，後述の「ディナーミク」と並んで演奏のほとんどの印象を決定するとまで言われています。演奏者や指揮者の個性や，主観的なものが現れてくるので，あくまでも曲に対する表情づけとして，自然で説得力のあるものであってほしいと考えます。

ちょっとひとこと

🎵 同じ言葉のたたみかけ

　合唱の中で，短い言葉（単語）を続けて歌ったり，あるパートを別のパートが同じ言葉で追い続けて歌ったりすることがあります。

　これは①その言葉の強調　②エコー（感情を内的に感じ直すためのもの）と考え，一回ごとに表現法を変えて歌ってみましょう。特に，テンポの遅い曲では効果的です。

7 指導者の音楽的センスを生かして
合唱に生命を与えるアーティキュレーション

　このテクニックは「曲に生命を与える」とまで言われ，指導者の音楽的センスや主張を最大限に発揮できるところでもあります。そのためには指導者が楽曲の解釈（アナリーゼ）をしっかり行い，曲の主張すべきところを最大限に自分のものとしておいてから，演奏に取りかからなくてはなりません。

　たとえば，クレシェンドやデクレシェンド，*p*や*f*の工夫をしたり，特定の音に意味を持たせるために，あえてテヌートまたはスタッカート気味に歌ったりすることによって，説得力のある合唱づくりが可能になるのです（器楽の演奏では，その曲にメリハリを持たせるために使われるテクニックの一つです）。

　これらはうまく取り入れると一つの個性になりますが，客観性を欠いた一人よがりの演奏であってはなりません。ステージで発表する前に，耳の確かな人に一度は聴いてもらってから，矯正したり方向を変えたりしていくのも一つの方法です。

ちょっとひとこと

説得力のある演奏

　たとえば一曲の中に，なめらかで美しい表現と，スピード感がある表現が混在しても，それらがセンスよくブレンドされていれば，違和感は生じません。むしろ聴く側を退屈させない，心にしみ込む表現となるでしょう。バランスと客観性をもってメリハリをつけてこそ，説得力のある演奏と言えます。

8 主旋律を引き立てるアクセサリーの効果
合唱の美しさを彩るオブリガート

　オブリガートは合唱で主旋律を引き立たせ，一段とその曲の輝きを増すための表現で，一般に高音などで飾るように歌う旋律のことを言います。

　残念ながら，楽譜には該当部分に「オブリガート」と書かれていない曲がほとんどです。そのため，オブリガートが必要なことに気づかないまま，人数配分も考えることなく多人数で堂々と歌ってしまい，結果として違和感のある合唱となってしまうことがあります。たとえば次の曲を見てください。

「荒城の月」より　　　　　　　　　　　　　　　　　　　　滝　廉太郎　作曲

　35人程度の合唱であれば，オブリガートの部分の人数（音量）配分は，音色の澄んだ子が2～3名くらいで歌えば十分です。ここはあくまでも，合唱の中でのアクセサリー的存在だからです。

　表現法としては，柔らかく遠くから聴こえてくるように歌うと効果的でしょう。

9 合唱の完成度を高める表現の要
曲想表現〜ディナーミク（ダイナミクス）〜

　曲想表現が豊かで完成度の高い演奏は，聴く人に感動を与えます。そのための手だてとして，ディナーミク（ダイナミクス）があります。これは音楽における重要な表現手段の一つです。

　ディナーミクは，音の強弱（*pp*〜*ff*）と，クレシェンド，デクレシェンドによることが主となりますが，基本的にはその指示に従うべきでしょう。ただ，*f*だから強く，*p*だから弱く，と機械的に演奏するのではなく，曲全体の中で自然に生まれてくることが必要です。たとえば，同じ*f*であっても強いアタックで圧倒的なボリューム感のある*f*，緊張感を持った*f*，クレシェンドから自然に盛り上がっていく輝きのある*f*，力をセーブした美しいひびきのある*f*……など，表現のしかたはさまざまです。

　*p*でも同じことが言えますが，*f*に比べさらに何倍もの緊張感・集中力を必要とします。*f*以上に内面的な表現が要求されるのです。また，*p*は音が痩せたり，ひびきが失われて貧弱な音になったりしやすいので，呼吸もしっかりと意識させたいものです。さらに，クレシェンドでは，次にくる言葉によってその増幅のしかたも工夫する必要があります。こうしてみると発想記号も奥深いものがあります。

10 フレーズをいかにまとめて聴かせるか
カンニングブレスの効果

　肺に入る空気には限度があるので，歌うときにはこれを上手に倹約しながら使っていくことが大事です。理想は，風船をふくらませるような感じで肺に空気を入れて，できるだけ長く保つように使うこと。そのようなテクニックを身につけなければ，合唱では役立ちません。ブレスコントロールの基本訓練がしっかりできている人は，空気の保持が上手く，フレージングが見事です。逆に，空気の使い方が下手で無駄使いしている人のフレージングは乱れてしまいます。

　ところが，児童・生徒の技術的なレベルでは，曲によっては1フレーズたっぷり歌って聴かせることは現実的には無理，ということが多々あります。しかし，美しく説得力のある音楽を目ざそうとすれば，どこかでその問題を解決する必要があります。そこで，子どもの合唱では，お互いがどこかで息をかくして吸う「カンニングブレス」という方法が一般化して使われるようになったのです。

　本来，そのような歌い方は望ましいことではありませんが，カンニングブレスを活用することで，児童・生徒が互いに助け合い，フレージングを大切にした音楽づくりを目ざすとともに，歌心を育てることができると考えます。

11 いい顔・いい声・いい心
表情と声と心を一体にして

　歌っているときの顔の表情も，歌唱の大切な要素です。体のフォームと同様，表情が堅いと，声も堅くなってしまいます。

　歌の世界では「表情と声と心はお互い裏切ることができない」とも言われます。「いい顔・いい声・いい心」という合言葉も，そんなところから生まれたのでしょうか。よく児童・生徒に鏡を持たせて練習しているところを見ることがありますが，発声の口形だけでなく顔の表情を豊かにする指導にも効果的だと思います。

　にっこりすれば明るい声が出ますが，堅くこわばった顔で声を出しても，明るく元気な声は望めないでしょう。絶望的な表情のまま，さわやかな声を出そうとしても，それは無理というものです。

　歌うときは，いつも顔の表情にも心をくばり，いい声を鳴らす方向に指導していきたいものです。

ちょっとひとこと

♪ パート練習で定着させたい ＜＞

　合唱の場合，主旋律を多く受け持つソプラノはクレシェンド，デクレシェンドの表現を比較的容易にできますが，アルトやバスではソプラノの陰に隠れて，感情の高まりも少なく平板になってしまう傾向があります。各パートがそれぞれクレシェンド・デクレシェンドを十分に表現できるよう，パート練習の段階でしっかり定着させましょう。

12 曲のテンポと合唱表現
楽曲の速さ表示の方法

　曲の持つ雰囲気を的確に表すには，テンポにも注意が必要です。その楽曲の速さ（テンポ）を示すには，次の二つの方法があります。

1. **速度記号（数字によって示す方法）**
   1拍に当たる音符が1分間に何回，メトロノームで打たれるか。
   ♩=60 ········ ♩を1分間に60回打つ速さ
   ♩=120 ······ ♩を1分間に120回打つ速さ

2. **速度標語（主にイタリア語によって示す方法）**
   Moderatoのように楽曲の速さを言葉で示す。これは速度記号（♩=120等）のように絶対的なものではなく，演奏者が音楽的内容表現のために多少の柔軟性を持たせている（目安として88〜120など幅をもたせてある）ので，心理的示し方とも言われている。

　速度標語の幅については，私の経験によれば，発声がよく訓練されている児童・生徒は遅い方のテンポでも歌うことができますが，訓練が不十分な場合は，少し速めのテンポで歌った方がうまくいくことが多いようです。

ちょっとひとこと

🎵 速さの許容範囲

　♩= ca.82 等と記されているとき，ca. は Circa（チルカ）の略で"約"とか"おおよそ"の意味です。目安として許容範囲は±10と考えられますので，♩=72〜92 の範囲で歌うとよいのではないでしょうか。また，速度記号の♩=60はラジオの時報，♩=120は行進の速さと，このことだけでも体得しておくとその他のことも，それから推し測っておおよその速さがわかります。

13 メンタルハーモニーから生まれる合唱
子どもの心に連帯感を育てたい

　授業は，歌うことの好きな子もあまり興味を示さない子も集まる一つの集団であるのに対して，合唱部は比較的歌うことに興味関心を持った子が多く集まっています。しかし，どんな条件であろうとも教師には，その子たちの個性を生かし，持てる能力をいっそう高める責任があります。

　そこで，人数を多く必要とする合唱活動においては，どうしてもチームワーク・仲間づくり，いわゆるメンタルハーモニーをしっかりしておくことが第一条件のように思うのです。その集団の絆が，充実しているときこそ，互いの助け合い精神も生まれ，歌うことの楽しさを味わえる活動に発展していくのです。

　その合唱は文字通り「歌い合わせること」です。歌い手一人ひとりが自己の感性のすべてを働かせてその作品に同化し，豊かな表現を実現させたとき，そこには人の心をとらえて離さない時間と空間が広がっていくのです。

　各自が自己の音楽性を発揮するという点においては，独唱も合唱も同じですが，独唱の場合には歌い手一人で「個」が完成するのに対し，合唱では歌い手全員を総合して「個」とみなすところに大きな違いがあります。そのためにこそ，合唱では声の統一，表現の統一などが図られなければなりません。児童・生徒（合唱団）の個性はその統一された「個」の上に成立しているのです。

　こうした合唱の特性は頭では非常によく理解できるのですが，いざ児童・生徒にこれを指導するとなると，難しい問題が山積しています。たとえば「声の統一」一つをとってみても，歌い手である子どもの声は，音色も声質も声域も文字通り十人十色ですから，通り一遍の指導では「統一」を目ざすことはできません。指導者にとっては，まさに子どもとの根気比べで，あせ

らず，あきらめず，ひがませず，とにかく身につくまでじっくりと構えて指導を重ねていくしかありません。

　個別に指導する一方で，先に述べた通り，子どもたちが相互に信頼し合い，励まし合いながら音楽をつくり上げていく"メンタルハーモニー"を育てることを忘れてはなりません。

　合唱は，単に歌うという行為によって個人が音楽的な喜びを得るだけのものではありません。ともに歌い合わせて一つのものを作り上げたという，「仲間」としての連帯感も同時に高まるところが素晴らしいのです。出来上がった音楽が美しければ美しいほど，その連帯感は一層大きな感動をもたらしてくれるでしょう。

　学校で合唱を行うときは，常にこの連帯感を子どもたちの心に育てていくよう指導しなければならないと思うのです。

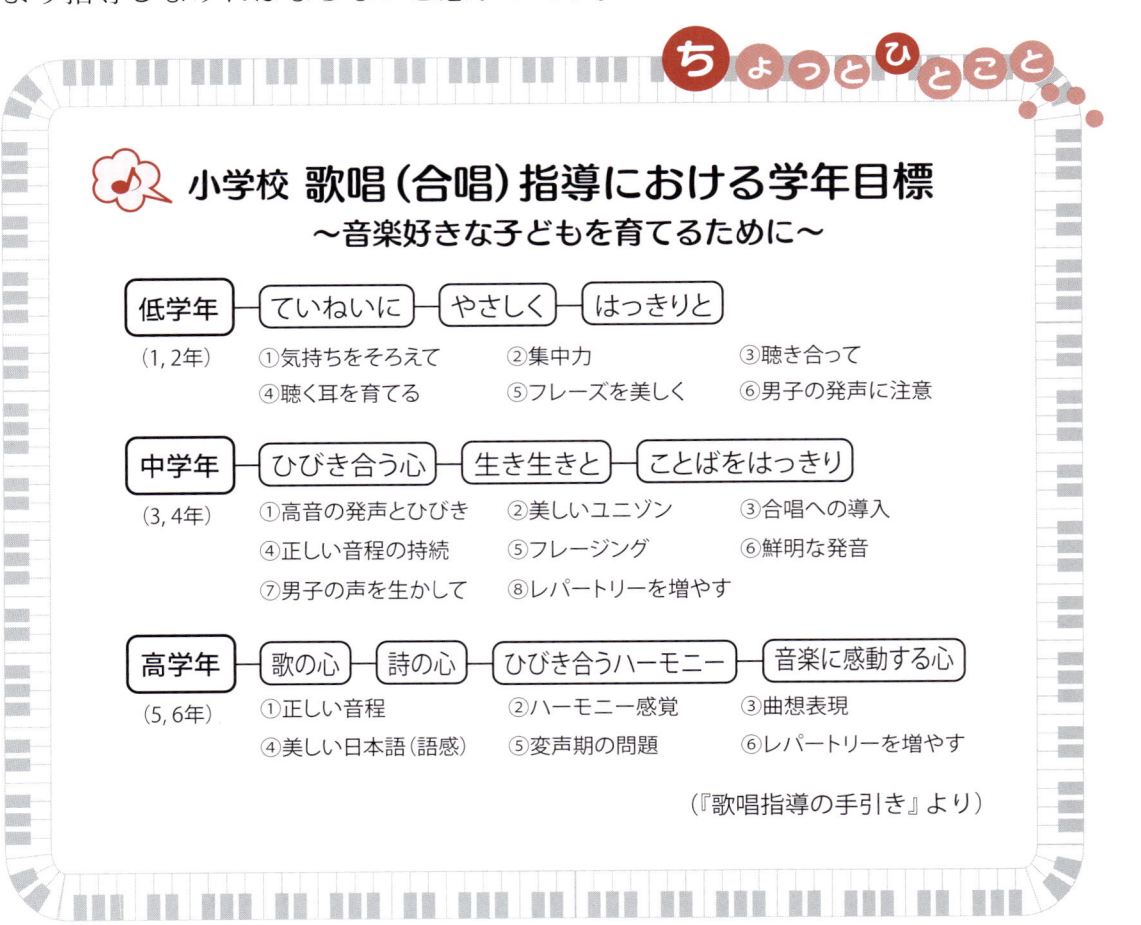

ちょっとひとこと

小学校 歌唱（合唱）指導における学年目標
～音楽好きな子どもを育てるために～

低学年（1, 2年） — ていねいに — やさしく — はっきりと
① 気持ちをそろえて　② 集中力　③ 聴き合って
④ 聴く耳を育てる　⑤ フレーズを美しく　⑥ 男子の発声に注意

中学年（3, 4年） — ひびき合う心 — 生き生きと — ことばをはっきり
① 高音の発声とひびき　② 美しいユニゾン　③ 合唱への導入
④ 正しい音程の持続　⑤ フレージング　⑥ 鮮明な発音
⑦ 男子の声を生かして　⑧ レパートリーを増やす

高学年（5, 6年） — 歌の心 — 詩の心 — ひびき合うハーモニー — 音楽に感動する心
① 正しい音程　② ハーモニー感覚　③ 曲想表現
④ 美しい日本語（語感）　⑤ 変声期の問題　⑥ レパートリーを増やす

（『歌唱指導の手引き』より）

14 音色の統一と声のバランス
指導者の耳がたよりのパート分け

　美しいハーモニーをつくり上げるためには，音色の判別基準をどこに置いてパート分けをするかによるところが大きいと言えます。完全に合った音色だけを機械的に集めると，声が一本化されすぎて，透明度がある反面冷たい音色のパートになってしまう恐れがあります。かと言って，何となく似ている程度の音色を集めたパートは，やや厚さは感じられても雑な印象を受けることになってしまいます。

　児童・生徒による合唱の場合，与えられたメンバー内で合唱するしかないので，一人ひとりの声を犠牲にしてまで厳密にパートを区分する必要もありません。というよりも，厳密なパート分けはできないというのが現状でしょう。また，学校のクラスあるいは合唱部は，合唱経験や成長の段階が異なる児童・生徒の集まりであり，入学や卒業，クラス替えなどで年々メンバーが入れ替わります。そのような現状の中で音色の統一を図ることは，指導者の耳にたよることが大きく大変な作業だと思います。

　しかし，それだけに，指導者がどのような音色を求めるか，それに関わるサジ加減をどうするか，という判断が，パートの音色（ひいてはクラス全体の音色）の方向性を変えることにもなるのです。

　どうすれば，音色の統一を実現したパート分けができるでしょうか。たとえば，ソプラノで同系統の音色でまとめたいなら，音色は同じ傾向でも声量のある子，声量のない子，ひびきのある子，か細くてひびきのない子などを組み合わせ，一つのパートとしてまとめる方法があります。

音色の統一・パートのまとめ方例

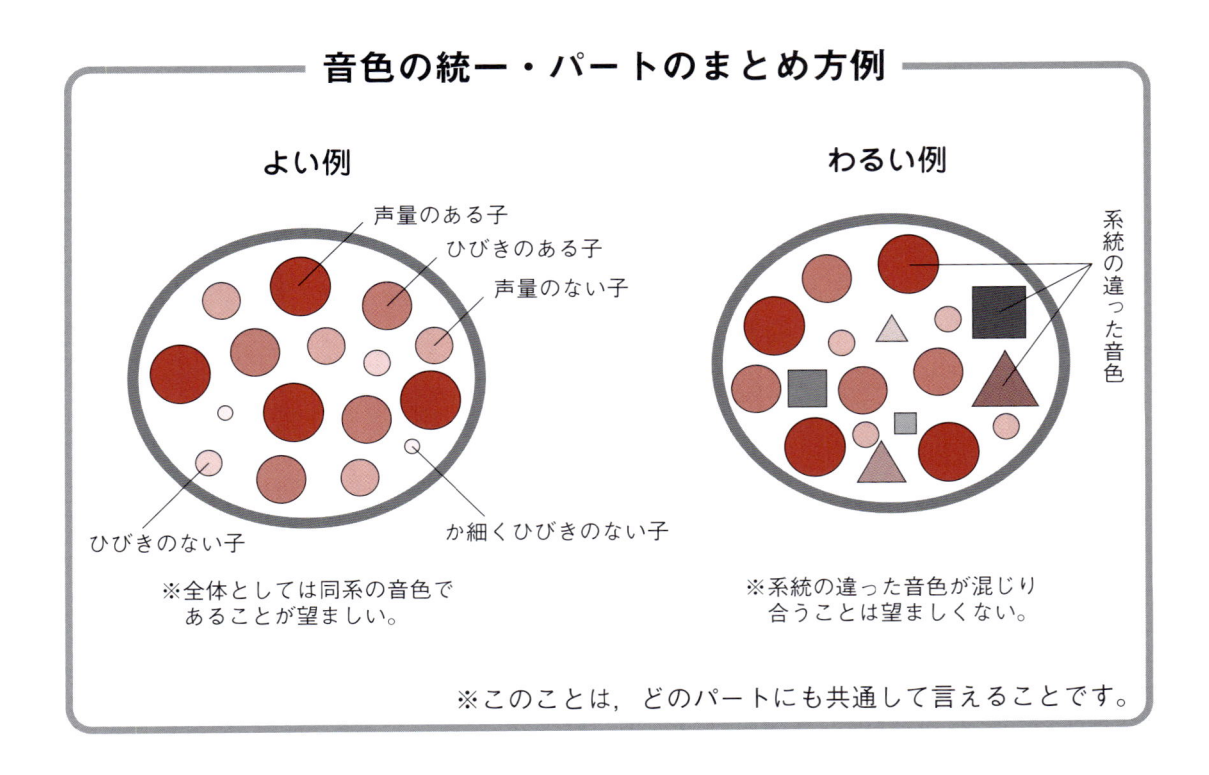

よい例
- 声量のある子
- ひびきのある子
- 声量のない子
- ひびきのない子
- か細くひびきのない子

※全体としては同系の音色であることが望ましい。

わるい例
- 系統の違った音色

※系統の違った音色が混じり合うことは望ましくない。

※このことは，どのパートにも共通して言えることです。

　このパート分けのために使用する曲は，どのパートもすぐに子どもたちがよく歌えるような既習の教材の中から選ぶようにし，余計な負担をかけないようにしたいものです。

　音域の広い「校歌」があれば最適ですが，次のフレーズもよいでしょう。

(1)「おぼろ月夜」より　　　　　　　　　　　　　　　　　　　　文部省唱歌

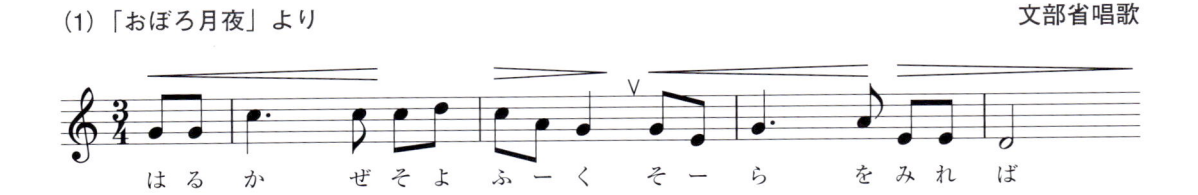

はるかぜそよふーくそーらをみれば

(2)「赤とんぼ」より　　　　　　　　　　　　　　　　　　　　山田耕筰　作曲

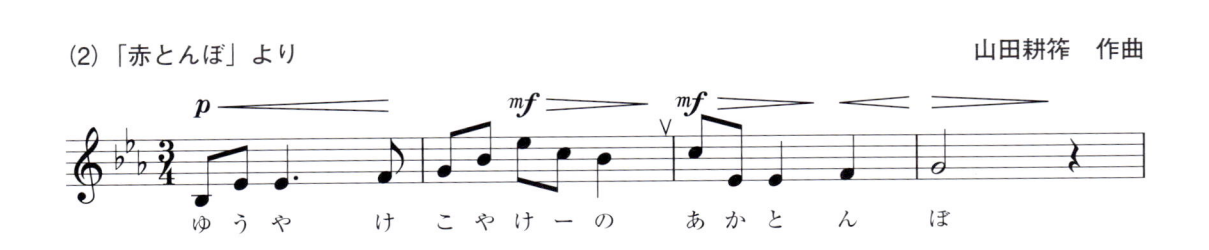

ゆうやけこやけーのあかとんぼ

(3)「花」より　　　　　　　　　　　　　　　　　　　　　　　　　滝　廉太郎　作曲

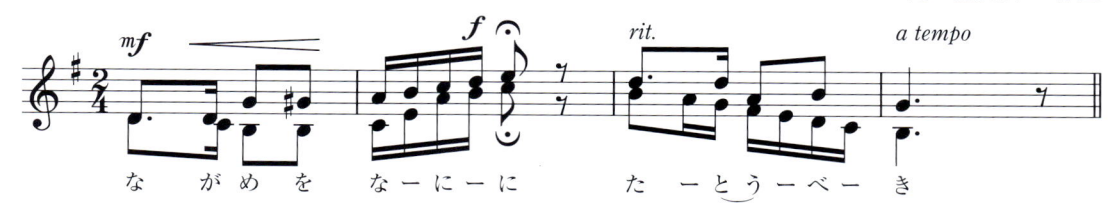

な　　がめ　を　　なーにーに　　た　ーとうーベ　ー　き

　教育現場では，本人の希望を尊重することも大切ですが，パートと音色の関係から，音楽づくりを優先したパート決定を行いたいものです。音色の統一を目ざすことは，尽きるところ，一人ひとりが適材適所で歌えるよう慎重に考えてパート決定を行うことであり，児童・生徒が最大限に活躍できる場を与えることでもあります。そして，ともに完成度の高い合唱を目ざす喜びを味わってほしいものです。

　パート分けの手順については，拙著『イラストでみる合唱指導法』〈増補改訂版〉(教育出版) P.106〜107を参照下さい。

ちょっとひとこと

🎵 ベストポジションで歌う（パート移動）

　心身の成長とともにその子の音域，声量，音色は気づかないうちに変わっているものです。そのため，はじめに配置したパートのままだと，一曲を何時間（何日）も歌い続ける間に，実力を発揮できないまま終わってしまう子どもも多いようです。教師の耳で変化を感じたときには，必要に応じてパート移動をさせることをすすめます。柔軟なパート移動によって，同じ団体（クラス）のサウンドが見違えるほど充実したものになり，一ランク上の演奏が期待できます。

　コンクール等であれば，更にその曲に合わせて課題曲と自由曲のパート移動もできます。

15 変声期間のパート分担を考える
これからの合唱指導の課題

　中学生の混声三部合唱の指導において，いつも指導者の間で話題となることがあります。それは，変声期にさしかかっている男子をどのパートで生かすか，ということです。
　一般には，

　①高音部は，高い声の女子と変声前の男子
　②中音部は，低い声の女子と変声初期の低くなりつつある男子
　③低音部は変声後の男子

と分担させていることが多いようです。
　このパート分担は，一見適正であるかのように思えますが，実は大きな矛盾をはらんでいるのです。
　これらの分け方は，合唱曲における各パートの音域と理論的には同じ音程のところに位置しているので，形態としては，一応整合しているように感じます。ただ，このようなパートの分担で，はたして効果的な合唱ができるでしょうか。できる，と考えるならばそれは早計というものです。
　混声三部合唱の中音部は，一般的に，アルトで女声の低い声で歌われるのが普通であり，また，それであってこそ合唱としての効果があると言えます。それを，声位だけから判断して声位の等しいと思われる，変声途上の男子に歌わせて事が足りるでしょうか。声位が等しいというだけでは，根拠として薄弱ではないでしょうか。
　女声と男声とは，根本的にその質が異なるものです。ましてや，変声中の男声（男声としての本質を持ち始めている声）に女声の低音の代用をさせて

も，混声合唱本来の美しいハーモニーを期待することはできません。

とは言うものの，現状では，有効な解決策が見いだせずにいるもどかしさがあります。この点は，私にとっても，現在の重要な研究課題の一つなのです。変声期という，デリケートな時期を無事に通過させていくためにも，変声そのものに対する究明をさらに行っていきたいと考えています。

ちょっとひとこと

🎵 音楽がきらいになるとき

　何かの本で読んだのですが，近ごろのいわゆる教育ママは，自分が若いころ達せられなかった目的を，自分の子どもによって果たそうと考えている人が多いとか……。

　なかにはあまり音楽が好きでもないのに，親の見栄でむりにレッスンに通わせられている子どももかなりの数になるということです。これがだんだん高じてくると，音楽ぎらいになる恐れは十分にあります。しかし，親に強制されてやっているうちに，だんだん面白くなってきて好きになるというケースもないこともありません。

　ベートーヴェンの父親は，息子をモーツァルト以上の天才にしようと思って幼い頃から過酷ともいえる指導をしたそうです。幸いにも，ベートーヴェンは天才でしたから，あのように偉大になりましたが，だれにでもあてはまることではないでしょう。日本でも，満6歳の6月6日に，その子にぴったり合った芸をはじめると，才能を発揮するという話があるようですが，真偽のほどはわかりません。

　ですから幼少期の音楽教育は，子どもが興味をもって勉強できるときに，親も先生も指導したほうがいいようです。

　えてして，音楽がきらいになるという最も危険な時期の最初は幼児期，次に変声期（特に男子）の頃が多いということがあるようです。

16 合唱曲の構成をつかむ
ポリフォニーとホモフォニー

　合唱は基本的に，ポリフォニーとホモフォニーという二つの構成からできています。
　「ポリフォニー」は多声音楽と訳され，対位的に二つ以上の独立した声部によってつくられています。一つの旋律に対して，それを追いかけながら模倣して次から次へと広がっていく方法で，合唱曲では２声部から４声部まで広がりをみせていく曲もあります。鑑賞教材でもバッハの小フーガト短調は，一つの旋律を追いかけながら，次々と広がりをみせていく手法をとり，まさにポリフォニーの典型と言えるでしょう。

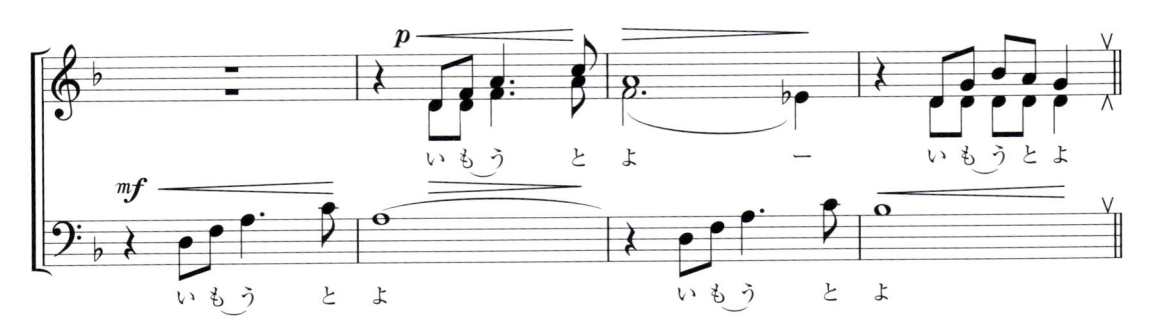

「木琴」より　　　　　　　　　　　　　　　　　　　　　　　　岩河三郎　作曲

　ポリフォニーが各声部の水平な旋律を重んじるのに対して，「ホモフォニー」は垂直な音の重なりを重んじるもので，混声四部合唱を例にとるとソプラノが主旋律を受け持ち，アルト，テノール，バスなどが和声的に音を重ねハーモニーをつける方法です。全部の声部が同一のリズムで動くことが多いのが特徴です。

「大地讃頌」より　　　　　　　　　　　　　　　　　　　　　　佐藤　真　作曲

　このように合唱曲の多くは，ポリフォニー様式とホモフォニー様式がさまざまに結合してつくられています。

合唱のハーモニー・その充実感

　同じ曲を聴いても，歌い手（合唱団）が違うとこれほどハーモニーのひびきが違うものかと耳を疑うことがあります。多くの場合，それは各パートの声量バランスの問題が大きいようです。

　たとえば同声三部（女声三部）合唱のホモフォニーの作品をソプラノ10人，メッゾソプラノ10人，アルト10人で歌ったら，大人の訓練された団体なら上手くコントロールできても，小・中学生の場合は不安定な合唱を聴かせてしまうことになります。同声合唱で安定感を感じさせるにはピラミッド型のハーモニーづくりがよいと言われますので，同じ30人構成ならソプラノ6〜7人，メッゾソプラノ10〜11人，アルト14〜15人などで歌ってみたらどうでしょう。間違いなく充実したハーモニーが聴けるはずです。

（『イラストでみる合唱指導法』（教育出版）P.114 参照）

5章

伝える言葉・伝わる言葉
子どもの音楽的変容をさぐる ～そのひと言～

30年分の"そのひと言"

　私は，過去に約30年間，小・中・高校の現場に勤めた経験があります。初めて赴任した学校で，校長から言われたのが，「自分の授業メモや録音はできる限り取っておくように。」という言葉でした。何のことやらわからず，重要性にも気づかないまま，私はその言葉を忠実に守り，長年にわたって，時間の許す限り記録をとり続けました。オープンリールテープから始まってカセットテープの時代を経て，溜まりに溜まったテープとメモは大きなりんご箱に入れられ，我が家の蔵に眠っていたのです。

　それから何年がたった頃でしょう。あるとき，全日音研・全国大会の授業者として務めを終えてほっと一息ついているところへ，出版社の人が声をかけてくださったのです。

　依頼されたのは，「日頃どんな授業で，どんなボキャブラリーをもって伝えているのか」について記すことでした。そこで私は，蔵から出した20個もの大きな箱を出版社へ送ることになったのです。数ヵ月後には，膨大な量の原稿が出来上がってきました。記録してきた授業の歌声，授業で話している言葉すべてが，ライターによって活字として起こされてきたのです。

　この章では，そのとき起こした言葉の中から一部（215の言葉）を整理して，まとめてみました。現場の先生方には指導のヒントとして活用していただければ幸いです。本当は前後の言葉や授業の流れ，雰囲気なども伝えたほうが，私の経験をよりよく理解していただけるだろうと思います。断片的な言葉だけでは，意味不明ととられることもあるか

もしれません。それでも，たった一つの言葉から，教師と児童・生徒の間に新しい関係が生まれたり，ドラマのような展開があったりするものです。闘いや，辛抱や，感動に満ちていたあの日々の場面が，私には次々に思い起こされます。

　授業は人それぞれであり，いろいろな指導方法がありますが，そこで使われる一つひとつの言葉は，授業の方向を変える重要なカギとなります。子どもの感性を呼び覚ますような指導法を模索しながら，「そのひと言」を大切にしたいものです。

　言葉の持つニュアンスはとても幅広いものですから，指導者の持つイメージを子どもたちに伝えるときは，どういうタイミングで，どういう言葉だったら伝わるのか，できるだけ具体的で，かつ，相手によって子どもたちの心を触発するような言葉を心がけるべきでしょう。「教師は指導語彙が豊富でなければならない。」と言われるように，「伝える」とは指導者にとってはまさに子どもとの根気比べで，ひがませず，あきらめさせず，伝わるまでじっくりと構えて指導を重ねていく大切さを，あらためて認識させられます。

　ある先生が，「教師は時に神父であったり，ある時はピエロになったり，七面鳥のように変わらなければならない職業であろう。」と言われたのを思い出します。ここに記した「伝える言葉・伝わる言葉」も，読者の皆さんの経験や個性を通じて発せられることで，再び生きた言葉となって子どもたちの心に届くものになると信じています。

1 歌う心をひらく
口を開け！という前に子どもの心を開かせる"ひと言"

① 君たちのいい顔と，いい声と，いい心で音楽を伝えよう。

② 今日は，君たちの一番いい声を聴かせてほしいんです。

③ とても説得力のあるいい歌い方でした。

④ 君たちはいい声を持っているから，自分が一番うまいと思って歌ってごらん。

⑤ 前向きに歌っているのがよくわかります。

⑥ ずいぶん前にやったことをよく覚えていたね。

⑦ おや，すごいね！ すごいよ！ 勘がいいね。

⑧ みんな詩の朗読がうまいね。今日はＡさんに読んでもらいます。目をつぶって聞いてみよう。

⑨ 前の時間どうしたの？ 君がいないと授業の気が抜けるよ。

⑩ どうして，いつものあのいい声が出ないの？ 健康管理も合唱のうちですよ。

⑪ 今以上に美人になったつもりでいい顔で歌ってみよう。いい音が鳴るゾ〜。

⑫ ストップ！ いまの素晴らしい声は誰！？

⑬ 先生の言うことにだんだん近づいてきたよ。

⑭ みんな1回で覚えたので，先生やることなくなっちゃったよ。

⑮ このクラスは伴奏者がいない？ さあ，ピンチをチャンスに変えてアカペラで挑戦しよう。

⑯ 先生の伴奏を抜くから，今度は君たちだけで歌って！ アカペラで挑戦だ！ みんな耳がいいからね。

⑰ あれ！ こんなに難しいところを男声パートが1回で歌えた。すごい！

⑱ うわあ！ いいひびき。先生，びっくりしたよ！ うれしいなぁ。

⑲ 素晴らしい！ 背中がぞくぞくするよ。満点だ！

⑳ 若者の特権，それは勇気，努力，根性です。さあ，その心意気でがんばろう。

㉑ 君たちは1回言ったらすぐ分かってくれるからね～。

㉒ 先生に歌わされているのかな？ それとも，自分から歌っているのかな。答えがほし～い。

㉓ やらないであきらめないで！ とにかくやってみようよ。

㉔ さすが！ やればできるね。実力がついてきたぞ。

㉕ そう！ その調子でやるともっともっとうまくなるよ。

㉖ そう！ その声，その声です！

㉗ 君たちのいいところはその目だ。目が輝いている。

㉘ さて，次に先生は何を注意したいかわかるかな？ 当ててごらん。

㉙ そうです！ その通りです。正解です！

㉚ 世界にたったひとつだけの自分の声，大切に育てていこう。

㉛ 音がとれなくても，歌が下手ということはありません。慣れるとすぐに上手になります。安心して。

㉜ さ～すが，先生に言われなくてもちゃんとやるなんて，さすがだ！

㉝ 低音部あってのソプラノ，低音部あってのハーモニー，低音部あっての合唱です。

㉞ この壁を越えなければ前進はないんだよね。越えられるかな。

㉟ 君は，どういうきっかけでそんなに素晴らしい声になったのかな。

㊱ 合唱は自分の声も生かし，仲間の声も生かすのです。（少し難しいかな）

㊲ 堂々として落ち着いているB君には，先生もほれぼれです。

㊳ 音程の狂いなど誰でも練習すればすぐとれるから心配なし。

㊴ その歌い方が正解です。忘れないでください。

㊵ あ！　できた！　それがこれからの声ですよ。

㊶ 絶えず耳を働かせて本物の音楽に近づけよう。

㊷ 隣の人の声にたよらず，自分の声にもっと自信をもって！

㊸ 1時間でよくここまでできたね。

㊹ 今日の授業は，先生にとって忘れられない授業になりそうです。

㊺ 練習はね，いつも順調とは限らないんだよ。大きな波もスランプもあるのです。みんな力を合わせて乗り越えよう。

㊻ むずかしいところほど練習して簡単そうに聴かせよう。

㊼ 神様が公平に与えてくれたものは時間です。少しの時間でも毎日練習すると，こんなに素晴らしい合唱ができるんだね。

㊽ 他のパートも聴ける余裕が出て来たようだね。

㊾ みんな反応がいいね。先生はとても授業がやりやすかった。

㊿ 忘れ物をした人が一人もいないクラス。立派です。

（変声期の子へ）

(51) 高い方の声でも低い方の声でもいいんだよ。口パクなんかしてたらもったいないじゃないか。

(52) いま，大人のいい声に変わっていく途中です。少しずつ変わっていくことを楽しんで。

(53) 変声中の人はとても苦労しています。でもそれは立派な男声になるための準備です。

(54) 君の声は，いま，子どもから大人への変化を遂げている最中。高く出せる声の部分と低く出せる部分を混ぜて歌ってもいいよ。

(55) 変声はずっと続くわけではないのです。歌うことを恐れる心配なし。不安不要！！

2 心から心へのメッセージ
歌い方のイメージを広げる"ひと言"

① 歌い始め（立ち上がり）がその曲の勝負どころです。

② 音の広がり，心の広がりが見えるように歌ってみよう。

③ 音楽は人間の心から心へのメッセージです。

④ 事務的な歌はよくないね。からだの底から沸き出るような表現をしよう。

⑤ 自分の歌う言葉や表現に愛情をかけて聴衆へ届けよう。

⑥ 歌声に対するイメージは，明るく，輝かしく，美しく，軽く，高く，そしてデリケートに。

⑦ 言葉に表現をのせて歌うんですよ。

⑧ ここはちょっと気どって歌ってみよう。

⑨ 広いホールのステージで歌っている気分でのびのびと歌って！

⑩ 音楽にガツガツと角をつけないように歌ってほしいですね。

⑪ 音が聴いている人の耳にすぐ飛び込んでいくように歌いましょう。

⑫ ここは思わせぶりたっぷりに歌ってみよう。

⑬ 目に見えないものが見えてくるような幸せな気分で歌いましょう。

⑭ やさしい，透き通った，澄んだ新鮮さがほしいね。

⑮ 心象風景を歌うときは，いつも心に残っているような風景を想像して。

⑯ ホルンのような甘さがほしいですね。

⑰ 曲（詩）の流れは，その時々に変わるので，場面場面で気分をかえて歌ってみよう。

⑱ この曲の終わりのところは，祈りの気持ちを込めて！　これを，アーメン終止と言います。

⑲ 雲の上で歌っているような表現というのもありますね。

⑳ ここには想い入れがあるのですよ。大切に歌ってくださいね。

㉑ 高い音を挑戦的に歌うと聴いている人は苦しいよ。

㉒ 高音はいつでも強い音とは限りません。

㉓ 高い音は，自然に強く歌うことが多いけど，それをさらに強くしなくてもいいです。（音楽が壊れるゾ！）

㉔ ここは，限りない母親の愛情へ感謝の気持ちを先行させながら，情感を持ってレガートで歌ってみよう。

㉕ 「きれいに」と言ってもたくさんイメージできるよね。花の美しさ，山並みの美しさ，海の美しさなど……。皆で共通なイメージをもって歌ってみよう。

ちょっとひとこと

伝える力

　スポーツの世界において「名選手，必ずしも名監督にあらず」とよく言われます。音楽の世界もしかり，「名歌手，必ずしも名指導者にあらず」と言えます。

　自分自身がすぐれた技術を持って歌えたとしても，人の声を聴いてその声を判断する力に欠けている人がいます。そういう人は，生徒の声をどの方向へ伸ばしてやればいいかわからず，ただただ自分で歌い聴かせてしまうことが多いようです。

　どうやら教師の指導力とは，どんな子に対しても「伝える力」を持つことが先決のようです。

3 歌い方へのアプローチ
美しい声づくりのために"ひと言"

● (1) 姿勢

① あなたたちのからだは楽器ですよ。世界に一つしかない「人間」という楽器なんです。いいフォームで立ちましょう。

② 足を少し開いて、重心は足の親指の付け根のあたりです。

③ お母さんがハイヒールを履いている感じで立ってみて！（前に重心）

④ 足はペンギンさんが歩いている感じで立ってみよう。（低学年）

⑤ おしりをぐっと上げて、えくぼができる感じで立ってごらん。

⑥ ちょっと押されてもびくともしない足の位置をみつけましょう。

⑦ つり人形になったつもりで、姿勢をよくしよう。

⑧ お祈りの時間じゃないので、目をつぶって下を向かないこと。

⑨ いいフォームだね。オペラ歌手みたいだよ。

⑩ いい声は、いい姿勢から生まれます。

⑪ やる気のある人は、それが姿勢に表れます。

⑫ 身長を計るときのように背すじを伸ばして歌ってみよう。

⑬ 「構えて」というのは、からだのフォームと歌おうとする心構えをしっかりして、ということですよ。

⑭ 胸を落とさず、胸側ラインをスマートにして！ 2cm 身長が高くなるよ。

⑮ いいフォームづくりには、気力、体力、集中力も必要です。

● (2) 呼吸

① 歌う呼吸は肩が上がってはいけません。

② 歌声の出発点はお腹です。ななめ向こうに弧をかくように声を飛ばしてみよう。（息も深く吸って）

③ 肩や首に力が入っていると，いいブレスができません。もっとリラックスして！

④ 無理してたくさん吸おうとすると，余分な力が入ったりすることがあるので，歌うために必要な分だけ吸いましょう。

⑤ 息を吸うときは，風船がふくらむようなイメージで少しお腹もふくらませて。

⑥ 息を吸ったら，お腹だけでなく背中や脇腹のほうもふくらむ感じで。

⑦ 無造作に吸ったのではダメですよ。深く吸って。

⑧ おへそと背中がくっつく感じで歌ってみよう。

⑨ ここは腹に音を出させると考えたほうがいいですね。

⑩ 歌の中心は腹です。そのおへそに神経を集中させて歌ってみよう。

⑪ お腹にドッジボールを入れて，グイッグイッと回すように声を出して。

⑫ おなかは声の発電所のようなものです。

⑬ 声を支える部分（横隔膜）と，力を抜く部分（肩やあご）を上手に使えると，いい声が出ます。

⑭ 強い音やマルカート，アクセントなどは，息を速く出してみよう。

⑮ ここのフレーズ全体をスタッカートで歌ってブレスの訓練をしてみよう。

⑯ 息つぎのところで気持ちを抜かないように歌いましょう。

⑰ *p* というのは *f* 以上にお腹の緊張感が必要です。

⑱ *p* のときこそ，しっかりお腹を意識的に使ってください。

⑲ 休符は休みですが，ブレスをしないほうがいい音楽を伝えることができます。

⑳ お腹の支えと顔面のひびきは常に平和条約を結んでいるのです。

● (3) ひびき

① 口の奥にウズラの玉子を入れたような感じで少し口の天井を高くして歌ってみよう。

② 唇より口の奥を大きく開けるようにしよう。（軟口蓋を少し上げる）

③ 声の通るパイプをまっすぐに。（お腹から頭頂に向けて）

④ のど声では決してハモりませんが，頭声ではきれいにハーモニーをつくることができます。

⑤ 「鼻にひびかせて」というのは鼻筋を通しておでこにひびかせることですよ。

⑥ 口の開き方や唇の動きに余裕がないと音が下がったり，堅い音になったりして，よいひびきは生まれません。

⑦ あくびをした感じで，鼻の中やのどをよく開けて声を出してみよう。

⑧ 鼻筋に手をあて，わずかに振動しているか確かめてみよう。

⑨ あごを落とすと胸のひびきになります。

⑩ 高音にいくにしたがって，声をピラミッドのように上に集めるイメージをもって歌ってみよう。

⑪ 高い音は思い切って深くかぶせて歌ってみましょう。（デックング）

⑫ ソプラノは，音が下降していったときはあまり口を開かないようにしましょう。声が幼稚に聴こえます。

⑬ テノールのパートはソプラノになったつもりで高音を鳴らしてみよう。

⑭ アルトの低いところは胸は使っていいけど，のどは使わないで歌いましょう。

⑮ 途中から自分の話し声になったらやり直しです。

⑯ 声が下へいくほどひびきがなくならないように気をつけて。

⑰ 声を空気にのせて飛ばしてやりましょう。

⑱ ホームランのように音を飛ばしてみよう。

⑲ 客席の一番後ろの人に聴かせるつもりで声を届けましょう。

⑳ 声は飛行機が離陸するイメージで遠くへ飛ばしてひびかせてほしいね。

㉑ 口を開いたら上の前歯の裏側に声を当てるつもりでひびかせよう。

㉒ 目から声を出すような気持ちで，勢いよく飛ばしてみよう。

㉓ 出す息は，息もれすることなく全部ひびきになるように心がけよう。息より先に声を出す感じです。少し難しいかな。

㉔ 顔の前のほうで歌ってみよう。

㉕ 一生懸命と怒鳴り声は違います。

㉖ 声は頭にひびかせるというけど，その頭を「教会の鐘」とイメージしてみよう。

㉗ お寺の鐘は，中が空洞ですね。叩くと深くいいひびきがします。口の中も，もっと空洞にするとひびきます。

㉘ 共鳴するのは，子音ではなく母音なので，子音から母音に速く移るように歌いましょう。

㉙ 「ア」の母音を含む言葉は，口を開けすぎると息が漏れてひびきが逃げることが多いので，口を開けすぎないようにしましょう。

㉚ いい声を出すために，自分で悪い声を出して体で感じてみよう。悪い声がどんなものなのかを自分で知ることが，いい声を出すための近道です。

㉛ 「たるみほっぺたひき上げ体操」で表情筋を柔らげよう。

㉜ スタッカートのところをレガートで歌ってみよう。

㉝ 先生の音を基準に3度上の音を出してごらん。いいハーモニーが鳴るゾ～。

㉞ 急に大きい口を開けるとひびきは散ってしまいます。

㉟ 鼻のつけ根を中心に両頬骨を結んだ二等辺三角形を意識して，ひびかせてみよう。（鼻腔共鳴の基本）

● (4) 発音

① 曲の中には，大事な言葉と軽く扱っていい言葉があり，それを感じ取ることを語感といいます。

② 発音（音を発したその音）は明るく，発語（一般に歌い始めの立ち上がりや，フレーズ等の始まりの言葉をさすことがある）は深く。

③ あくまでも歌詞は日本語としておかしくないように歌いましょう。

④ 強調したい言葉と，おさえる言葉を分けると曲の内容がわかりやすくなります。

⑤ 同じフレーズ内でも比重のかかる言葉によって伝わる意味が変わります。

⑥ 音楽の遠近感を出すために，子音の量，深さ，堅さ，柔らかさ，スピードを変えて歌ってみよう。

⑦ テヌートというのは，言葉の丁寧さがほしいということです。

⑧ 「ん」の発音がよくひびくと，日本語の語感の美しさが伝わります。

⑨ 「お母さん」「しんしん」などのように「ん」をよくひびかせたいときは，唇を開くように。また，「おかあーさぅん」のような歌い方もあります。

⑩ 「イ」「ウ」は唇がしまって，口の中も小さくなりやすいので，歯と歯の間をしっかり開け，のどを柔らかくし，日本語としておかしくないように明るく発音しましょう。

⑪ 口の開けすぎは，のどがしめつけられることが多いので，音楽的表現ができなくなります。

⑫ 子音は母音に先立って，その言葉の表情，表現（すなわち発語としてのニュアンス）を決定づけるものです。

⑬ ウィーン少年合唱団が日本の歌を歌うときのまねをしてみよう。（言葉を鮮明にするため，日本語をローマ字で板書する）

⑭ 「カ」の発音は，下あごに力を入れて発音すると，きたなく聴こえます。

⑮ 「カ行，サ行，タ行」の子音を強調しすぎると，かみつくように聴こえます。

⑯　「母」など，「は」が二つ重なるときは，二番目の「は」を丁寧に歌うとよく伝わります。

⑰　Ｍさんの発声をよく聴いてごらん。言葉もはっきりしていますね。顔の表情もよく見て！　よくひびかせるには，ああいう表情がいいんだよね。

⑱　「ハ行」がはっきり言える人は，お腹を使っている人です。（ブレスの練習とあわせて指導すると効果的）

⑲　自分ではおかしいと思うくらいおおげさに発音しても，聴衆にはちょうどよいくらいに聴こえる場合があります。このフレーズで試してみよう。

⑳　p で歌うときこそ口をうんと動かすんだよ。

ちょっとひとこと

原点にかえろう

　　聴いて心地よい曲と，合唱して心地よい曲とは必ずしも一致しません。子どもたちが「歌いたい」「好きだ」という理由で選曲するのは，危険なことです。

　　また，新曲，大曲，難曲に取り組むことがレベルの高いことだと考える傾向があるとも聞きます。しかし，子どもがその作品に耐えられず，消化不良のままステージを迎えるのはとても残念なことです。

　　「生徒には可能性があるから」とか「芸術の追求は無限である」という考え方もあるでしょうが，必要以上に背伸びしないほうがいいのでは……と思います。

　　子どもの可能性とは，あくまでも子どもの特性の発揮できる範囲で，楽しんで歌ってこその「可能性」ではないでしょうか。選曲も指導も，子どもの合唱先行経験，現在の音域，発声レベル，音楽的能力などをしっかり見きわめて選曲したいものです。

4 感動する合唱へのステップ
曲想表現の工夫に "ひと言"

① 基本はリズムやハーモニーですから，それから外れないようにしましょう。

② 特に歌い始めの声を押して歌わないように！

③ ここは和音も変わっていきます。音楽の表現を変えるところです。

④ テヌートのところをもう少し甘く歌いましょう。

⑤ 合唱のいいところは，一人でできないひびきや表現をみんなと一緒にできるところです。

⑥ ここからは音楽の厚さ "ハーモニー" で勝負するところです。

⑦ このフレーズは，前と対比させ音楽の変化を感じさせるところなんですよ。

⑧ ここのフレーズはビートをしっかり聴かせるように歌いましょう。

⑨ フレーズとフレーズのつながりを大事にしましょう。

⑩ 次のフレーズをひっぱりだすような歌い方をしましょう。

⑪ クレシェンドは，直線的でなくだんだんと聴衆に近づく感じで。

⑫ 不用意なクレシェンドにならないように。

⑬ 言葉に自分の魂を入れて表現してみよう。

⑭ アルトもクレシェンド，デクレシェンドを意識して表現しよう。

⑮ *dim.* は，だんだん遠ざかって聴いている人が落ち着く感じに歌おう。

⑯ ほんとに涙がこぼれ落ちそうなデクレシェンドがほしいんですよ。

⑰ *rit.* は，気持ちを込めて丁寧に伝えよう。

⑱ フェルマータや *rit.* の伸ばしている音に音楽を感じるように歌ってみよう。

⑲　短調だからといって，ただ悲しい表現だけでは音楽がさびしいだけです。

⑳　こんな音量の大きさで表現してみよう。助詞が強くなると幼稚に聴こえます。
（板書）㊋㊌㊍㊎㊏㊐㊑㊒㊓㊔㊕㊖㊗㊘
（＊発語の強弱，深さ等を文字の大きさで表し，視覚に訴えた指導法は低学年に効果的。）

㉑　*pp* は会場の一番後ろの人に静かに聴こえるように。

㉒　*p* は優しく，絹糸のように細く美しく。

㉓　*mp* はやわらかく，聴いている人の心が安らかになるように伝えよう。

㉔　*mf* はいちばん気持ちのいい歌い方でのびのびと。

㉕　*f* は力強くスケールを大きくというイメージもできるね。

㉖　クレシェンドは，のびやかに音楽の高まりを感じ，音楽を膨らませましょう。

㉗　デクレシェンドは，声を安定させて気持ちを控えていくところです。

㉘　転調（曲の調が変わるところ）は音楽の雰囲気も十分変えて表現しましょう。

㉙　*rit.* のあとの *a tempo* は，一瞬に気分を変えて新鮮に表現しよう。

㉚　曲想表現の工夫とは強弱やクレシェンド，デクレシェンドだけではないよね。たくさんの音楽の要素を生かしてはじめて，いい表現となるのです。
（＊要素とは，速さ，拍子，リズム，旋律，和音，etc.）

ちょっとひとこと

🎵 楽譜の再創造

　楽譜を忠実に演奏したり歌ったりするだけでは単なる再現であって，何のおもしろ味もない音楽です。指導者は作曲家の意図するところを受けとめながらその楽譜を再現し，さらにそれを再創造（曲想表現）して作品に生命を与えてこそ聴衆を感動させる合唱ができるのです。

5 音楽を深める指揮法
指揮棒を持たせる子へ "ひと言"

① 体があまりゆれないように。下半身をどっしり構えて立ってみよう。

② 原則として，右手は拍を振り，左手は曲の表情です。

③ 足でリズムをとりながらの指揮はやめよう。

④ 指揮棒を持ったときその棒が，腕や手の延長であることを忘れないでね。

⑤ 打点がはっきりして，前から見ても後ろから見てもすっきりしているよ。

⑥ 指揮は大勢をまとめるのだからディナーミクも研究して！

⑦ あなたのいい点は，この曲にあった表情です。pとかfがうまく区別されています。

⑧ 左手をそんなにうまく使える人は，なかなかいません。君は自然でうまい。

⑨ ピアノ伴奏にも気を使って指揮をして。ピアノ伴奏の最後の音まで指揮者は責任を持って振ってください。指揮者が振り終わって音楽も終わります。

⑩ 前奏，間奏は伴奏者の方を見て振ってみよう。歌う人だけでなく伴奏者も音楽をしているのですからね。

⑪ のばしたら切る。切ったら次の合図をする。改めて合図をするか，切ったのを合図にするのか，をはっきりさせよう。

⑫ クレシェンドで、だんだん大きくなるときは腕を少し前に伸ばしながら大きく振ってみよう。（逆にデクレシェンドは腕を少しずつ手前に引きながら棒は小さく振るとわかりやすい）

⑬ 楽譜をよく読みとって，その曲のイメージを膨らませてみよう。

⑭ ひとりよがりの熱演にならないようにしよう。

⑮ 指揮で一番大切なことは、カッコよくよりも、いかに詩や曲を解釈し、表現するかということです。

⑯ 作曲者の書かれたテンポ通り振ったら無味乾燥の音楽になります。（ひとつの目安で絶対的でないと考えたい）

⑰ テンポの設定は，重要な曲の解釈につながります。また，指揮者の音楽観，音楽的感性が問われるところです。

⑱ 無意識に終わりの棒と一緒にひざを曲げないように。

⑲ 女性の指揮は特にひざをあまり動かさないように。見苦しく、美しい足が台無しです。

⑳ 腰を動かすな！ みっともないの究極です。（特に女性の指揮者は致命的ですよ）

ちょっとひとこと

🎵 主旋律・副旋律の役割

　本時の題材には「ひびきを調和させた混声合唱をしよう」，指導目標には「各声部の役割を理解させ，主旋律を生かしながら全体のひびきを調和させた合唱を味わわせる」等と書かれた学習指導案を見かけることがよくあります。見た目にはとてもよく練られた指導案であり，実際の学習活動もさぞや，と期待して授業参観をしてみると……。

　男声パートの声量に勢いがありすぎて叫びに近く，女声の主旋律まで押さえつけ，不自然な合唱になっている……。指導目標にあるとおり，各声部はそのフレーズにおいてどんな役割をしているのか理解させ，主旋律をしっかり聴かせた上でのハーモニーのバランスを考えた合唱づくりに導いてほしいものです（作文のみが先行した，学習指導案とならないようにしたいと自戒！！）。

秋の子

作詞／サトウ ハチロー
作曲／末広 恭雄
編曲／有賀 正助

♩=80 やさしく

1. すすきの なかの こ いちに の さんにん
2. かきのみ みてる こ いちに の さんにん
3. ひぐれに はしる こ いちに の さんにん

はぜつり してる こ さんし の ご にん
さよなら してる こ さんし の ご にん
ふろたき してる こ さんし の ご にん

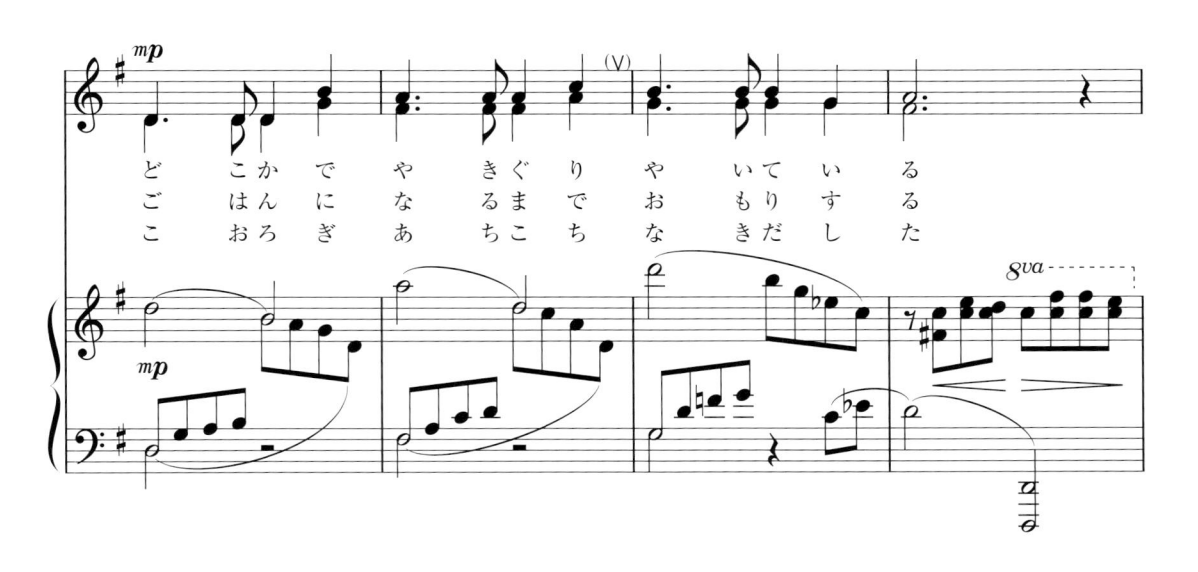

秋の子

サトウ ハチロー

一、すすきの中の子 一二の三人
はぜつりしてる子 三四の五人
どこかで やきぐり やいている
つばきを のむ子は 何人だろな
（※焼栗のかおりに思わずつばを飲み込む）

二、かきの実みてる子 一二の三人
さよならしてる子 三四の五人
ごはんに なるまで おもりする
おんぶを する子は 何人だろな

三、ひぐれに走る子 一二の三人
ふろたきしてる子 三四の五人
こおろぎ あちこち なきだした
さみしく 聞く子は 何人だろな

「楽しい発声のドリル」より

犬のおなか

作詞・作曲／岩河三郎

Allegro (♩=132位)

いぬのおなかが ハハハハハ
ふっ きんつかって ハハハハハ いぬの まねしてー
スタッ カートの れんしゅうを はじめまー しょう
(はじめま でもよい)

© 1982 by SEISHINSHA Music Publishing Co.,Ltd.

犬のおなか

「楽しい発声のドリル」より
岩河三郎

犬のおなかが
ふっきん使って
ハハハハハ
犬のまねして
スタッカートの練習を
始めましょう

ハハハ ハハハハハ
ハハハ ハハハハハ
ハハハ ハハハ
ハハハ ハハハ
ハハハ ハハハ
ハハハ ハハ

夢をのせて

作詞／中山知子
作曲／市川都志春

この曲はロシア民謡の旋律をもとにして作られています。

Allegretto

1. ちぎれぐもは かぜに かるく そらを ながれる
2. おかに たてば いりひ あかく うみの かなたを

ひざし あびて ゆれる ゆれる あさの こだちよ
しぶき あげて すすむ すすむ ふねの すがたよ

© 1964 by KYOGEI Music Publishers.

夢をのせて

中山 知子

ちぎれ雲は　風に軽く
空を流れる
陽射し浴びて　ゆれるゆれる
朝の木立よ
あふれ来る光を
歌おうよ　僕らも
やがてやがて　夢をのせて
高く響けと

丘に立てば　入り日赤く
海のかなたを
しぶきあげて　進む進む
船の姿よ
憧れる世界を
歌おうよ　私も
やがてやがて　夢をのせて
遠く響けと

参考文献

　本書の執筆にあたり，とくに次の文献を参考・引用させていただきました。さまざまな知恵を与えてくださった，これらの文献の著者先達にお礼申しあげます。

『うたうこと』
　フレデリック・フースラー／イヴォンヌ・ロッド＝マーリング著（須永義雄／大熊文子訳）…… 音楽之友社
『発声法』矢田部勁吉著 ……………………………………………………… 音楽之友社
『私の歌唱法』リリー・レーマン著（川口豊訳）…………………………… シンフォニア
『美しい発声法』デヴィット・ブレア・マクロスキー著（高山教子訳）……… 音楽之友社
『ベル・カント唱法』コーネリウス・L. リード著（渡部東吾訳）………… 音楽之友社
『歌いかたの基礎・声楽をこころざす人へ』加古三枝子著 ……………… 音楽之友社
『新・発声入門』森　明彦著 ………………………………………………… 芸術現代社
『発声の技巧とその活用法』酒井　弘著 …………………………………… 音楽之友社
『発声法の手引』狩野了衛著 ………………………………………………… 音楽之友社
『発声法』須賀靖元著 ………………………………………………………… カワイ楽譜
『呼吸と発声』音楽之友社編 ………………………………………………… 音楽之友社
『発声と合唱の指導』渡辺陸雄著 …………………………………………… 音楽之友社
『児童発声』品川三郎著 ……………………………………………………… 音楽之友社
『歌唱指導の手引き』鎌田典三郎著 ………………………………………… 非売品
『合唱事典』音楽之友社編 …………………………………………………… 音楽之友社
『変声期の研究と歌唱指導』薗田恵一郎著 ………………………………… 音楽之友社

著者略歴

竹内秀男

- 青森県生まれ
- 日本音楽学校卒業，東京学芸大学（派遣留学）
- 公立小・中・高等学校教諭，管理職，教育委員会指導主事を歴任
- NHK全国学校音楽コンクールおよび子ども音楽コンクールで通算10回（中学校合唱部門）の全国優勝へ導く
- NHK推薦による第20回「世界アマチュア合唱コンクール」"Let the Peoples Sing"（西ドイツ放送協会／ARD主催）で世界第2位
- 西ドイツ放送協会より指揮者賞，青森県褒賞，第13回デーリー東北賞，日本教育音楽協会より合唱指導者賞，青森県文化賞受賞。本人の指導により学校（団体）が，第37回東奥賞，第38回河北文化賞を受賞
- 現在，尚美学園大学大学院　芸術情報研究科教授
  文部科学省検定，小学校・中学校「音楽」教科書著者
  日本音楽教育学会会員，日本教材学会会員，日本合唱指揮者協会会員

著　書
「段階的な合唱指導」「イラストでみる合唱指導法」「変声期と合唱指導のエッセンス」（以上　教育出版）
「心にひびく合唱指導」「発声法と合唱指導」「美しいハーモニーを求めて」（以上　教育芸術社）
「合唱指導の実際と運営」（音楽之友社）開発教材「中学生のためのMUSIC NOTE」（正進社）

編　著
「白のロマンス」「ヘンルーダの花が咲いたら」「天使と羊飼い」「夕ぐれの祈り」
「子どもが花を」「きけ　アポロの琴」「コーラスタイム1・2・3」（以上　教育芸術社）
「現代合唱名曲選」（音楽之友社）「若返りの水」（教育出版）
「窓ぎわのトットちゃん」「けやきの並木道」「さよなら黒板」「女声合唱曲集」（以上　正進社）

論　文
「音楽学習における競争の原理」（音楽教育研究58号　音楽之友社）
「中学生の効果的な合唱指導への一考察」（日本音楽教育学会　第21回）
「歌唱指導における指示語へのアプローチ」（活水女子大学論文集　第38号）
「メンタルハーモニーによる合唱表現効果」（日本教材学会年報　第3巻）
「歌唱意欲喪失児にみられる音程矯正指導の実証的研究」（日本教材学会年報　第7巻）
「音楽科における小・中学校連携の有用性」（日本教材学会研究紀要　第16号）

DVD
コーラス入門「たのしい発声のドリル」「こんにゃく体操」（株）ワイ・イーピー
※（株）ワイ・イーピー連絡先：TEL 03-3552-6669　FAX 03-3553-7300

その他著書，論文，投稿論文，CD等多数

変声期と合唱指導のエッセンス
授業で聴かせたい変声の様子

2009年7月17日　初版第1刷発行
2016年1月15日　初版第4刷発行

編著者　竹内秀男
発行者　小林一光
発行所　教育出版株式会社
〒101-0051　東京都千代田区神田神保町2-10
電話（03）3238-6965　振替00190-1-107340

© H. TAKEUCHI
Printed in Japan
落丁・乱丁本はお取替えいたします。

組　版：アルスノヴァ
印　刷：モリモト印刷
製　本：上島製本

JASRAC（出）0904784-504
ISBN 978-4-316-80276-3

変声期と合唱指導のエッセンス

実録CD 内容紹介

指導・監修／尚美学園大学 大学院教授　竹内秀男

1. 変声期の過程 "秋の子" で聴く
小5から中3までの声の成長を追う

① 変声期とは　〜解説　　　　　　　　(3:39)
② 小学5年生　10月 1日　　　　　　　(1:23)
③ 小学6年生　10月 1日　　　　　　　(2:28)
④ 小学6年生　12月 1日　　　　　　　(1:25)
⑤ 小学6年生　 3月 1日　　　　　　　(1:26)
⑥ 中学1年生　 8月10日　　　　　　　(1:35)
⑦ 中学1年生　 2月17日　　　　　　　(2:03)
⑧ 中学2年生　 8月19日　　　　　　　(1:21)
⑨ 中学2年生　 3月15日　　　　　　　(1:23)
⑩ 中学2年生　 3月15日　　　　　　　(1:26)
⑪ 中学3年生　11月 6日　　　　　　　(1:50)

2. 移調唱の歌声 "犬のおなか" で聴く
変声中期も気持ちよく歌える歌唱指導を！

⑫ ハ長調　　伴奏付き　　　　　　　　(2:38)
⑬ ハ長調　　無伴奏　　　　　　　　　(1:01)
⑭ ロ長調　　無伴奏　　　　　　　　　(1:03)
⑮ 変ロ長調　無伴奏　　　　　　　　　(0:55)
⑯ イ長調　　無伴奏　　　　　　　　　(2:35)

3. オクターヴ低い歌声の変容 "夢をのせて" で聴く
発声法と気持ちの持ち方でこんなに変わる！

⑰ 解説　　　　　　　　　　　　　　　(1:02)
⑱ A君の歌声　　　　　　　　　　　　(1:43)
⑲ B君の歌声　　　　　　　　　　　　(1:26)
⑳ A君・B君二人の歌声　　　　　　　(1:21)
㉑ 指導のてだて　　　　　　　　　　　(1:12)
㉒ 指導後の歌声 1　　　　　　　　　　(1:34)
㉓ 指導後の歌声 2　　　　　　　　　　(1:20)
㉔ 指導後の歌声 3　　　　　　　　　　(2:20)

4. 変声の推移 "混声合唱" で聴く
変声期のクラス合唱＆合唱部の歌声を聴いてみよう

・クラス合唱（八戸市立根城(ねじょう)中学校）
㉕ 解説　　　　　　　　　　　　　　　(1:54)
㉖ 夢は大空を駈ける 〜中学1年〜　　　(2:31)
㉗ 光のながれ 〜中学2年〜　　　　　　(2:54)
㉘ 古　城 〜中学3年〜　　　　　　　　(4:39)

・合唱部の歌声（八戸市立長者(ちょうじゃ)中学校）
㉙ 「チコタン」より プロポーズ 〜中学1年〜　(1:43)
㉚ 「チコタン」より だれや!? 〜中学1年〜　(4:00)
㉛ 一日に何度も 〜中学2年〜　　　　　(3:27)
㉜ 木　琴 〜中学3年〜　　　　　　　　(6:09)

このCDを無断複製すること，及びネットワーク等を通じて
送信可能な状態にすることは，法律で禁じられています。